KB214659

하나님나라의 도전

하나님나라의 도전

김형국 지음

당신은 어느 편에 속해 살고 싶은가 ────────

기독교의 핵심 사상

|

적지 않은 사람들이 교회를 떠나고 있다. 자신을 그리스도 인이라고 여기지만, 교회에 안 나가는 사람들을 아예 '가나안' 성도라고 부르기도 하는데, 그 숫자가 가늠하기 어려울 정도로 늘고 있다. 기존 교회가 가지고 있는 여러 문제로 인해 상처받고 혼란스러운 고통을 겪다가 결국 교회를 떠난 이들이다. 대개는 건강한 교회를 찾아 이 교회 저 교회를 헤매다가 아무 교회도 찾지 못한 채 교회 밖에 머무른다. 이런 사람들뿐 아니라, 교회를 '방학'하는 사람도 적지 않다. 신앙생활이 실제 자신의 삶에 아무런 영향과 변화를 일으키지 못하니, 나이가 들어서 다시 신앙생활을 해도 늦지 않을 것으로 생각하기 때문이다. 어차피, 죽기 직전이라도 '십자가의 한 강도'처럼 예수를 믿기만 하면 천국은 가지 않겠냐는 '믿음'을 마음에 간직하고….

그래도 아직 교회를 다니는 사람들이 적지는 않다. 많은 사람이 세파에 찌든 마음을 위로받고 싶어서 일요일마다 교회를 찾는다. 어떤 사람은 죽음 이후의 지옥을 피하려고 보험 들듯이 기독교를 믿기도 한다. 또 다른 사람들은 인간이 가지고 있는 막연한 종교성을 채워 주기 때문에, 또는 어릴 때부터 다녔기 때문에, 또는 가정의 평화(?)를 지키기 위해서, 또는 믿음으로 기도하면 나의 소원을 들어줄 것이라고 믿어서 교회를 다닌다.

안타깝게도, 그들 중 적지 않은 사람들이 그저 일요일에 한 번 교회에 가서 예배드리는 것 외에는, 하나님을 믿지 않는다는 사람들과 별다른 바가 없어 보인다. 교회에 다닌다는 것은 주일 예배에 가능한 빠지지 않고 참석하고, 헌금도 좀 한다는 것을 뜻한다. 교회 봉사를 하거나, 주중에 큐티를 하거나, 수요일이나 금요일 예배에 나가는 것은 신앙이 좀 있는 열성 신자들의 몫이다. 하나님을 영원히 예배하는 천국이 있다는 말에, 1시간 남짓한 예배도 힘든데 영원토록 예배하는 천국이 자신에게 천국이 될 수 있을까 내심 걱정되기도 한다. 교회를 다니는 사람이나 다니지 않는 사람이나 세상 살아가는 모습은 대개 비슷하다.

상황이 이렇다 보니, 그들의 교회 역시 세상의 다른 조직과 별로 다르지 않다. 오히려 더 전근대적이고, 비합리적이고 때로는 타락하기도 한다. 교회가 언론에 보도되면, 세속 사회에서 일어나는 여러 문제의 판박이거나 때로는 더 심한 소식들이어서 교인이건 아니건 눈살을 찌푸리곤 한다. 오늘날 기독교는 그저 세상의 한 부분처럼 보인다. 그리스도인들은 교회 안에서 자기들끼리 예수가, 교회가 세상의 소망이라고 고백하지만, 세상 사람들은 물론 자신들도 교회가 세상의 실제적 대안이 될 수 있을 것으로 생각하지는 않는 것 같다. 결국 가나안 성도는 폭증하고, 청년과 청소년 세대의 그리스도인 비율은 인구 감소와 함께 무서운 속도로 줄어들고 있으며, 예수를 만나고 인생이 변했다는, 과거에는 종종 듣던 '간증 유의 이야기'는 이제 가물에 콩 나듯 한다. 어느 도시에 가도 밤하늘을 밝히는 붉은 십자가가 가득하지만, 그 십자가를 매단 교회들이 세상 속에서 어떤 역할을 하고 있는지, 그 교회에 다니는 사람들이 세상 속에서 어떤 삶을 살고 있는지는 미지수이다.

아니, 교회를 신축하거나 이전해 들어오면 '결사반대'하는 지역주민에게서 오늘날 한국 개신교의 현주소를 발견한다. 그 지역주민 중에는 다른 교회에 다니는 교인도 다수를 차지한다는, 다 아는 비밀은 그리스도인들을 더욱 부끄럽게 한다. "우리 사회의 대안은커녕, 걸림돌만 되지 말아 주세요", "교회가 세상을 걱정해야지, 세상이 교회를 걱정해서야 되겠습니까?"라고 말하는 언론과 지식인들의 차가운 시선 앞에서 오늘의 교회는 얼굴을 들기 힘들다.

질문이 생긴다. 지난 이천 년 동안 수많은 사람을 변화시키고, 다양한 사회와 인류 문명에 적지 않은 기여를 한 기독교를 믿는다는 것이 고작 이 정도를 뜻하는 것일까? 초대교회는 물론, 지난 수 세기 동안 수많은 사람을 변화시키고 사회를 변화시켰던 예수의 가르침이, 세월이 지나고 시대가 바뀌면서 영향력을 잃은 구닥다리가 되어버렸나? 무엇이 문제인가? 세상의 모든 것이 본질을 잃고 중심이 흔들릴 때 퇴색하니, 기독교도 그 본질과 중심을 놓친 것은 아닐까?

그렇다면, 기독교의 핵심이라고 할 수 있는 예수의 중심 사상 또는 중심 가르침이 무엇이었던가? 그리스도인들에게 물어보면, 대부분 사랑이라고 답한다. 아니면, 예배, 선교, 제자도, 헌신, 십자가 등등 다양한 답변이 돌아온다. 이 모두 다 관련 있는 주제이지만, 예수께서 처음부터 끝까지 끊임없이 설명하고 선포하신 주제를 선뜻 말하는 사람은 만나기가 힘들다. 놀랍게도 그리스도인 중에서도 예수의 중심 사상을 '하나님나라'라고 자신 있게 말하는 사람은 극소수이다.

하나님나라라고 말하는 사람이 설혹 있다 하더라도, 이를 마음에 오는 평안함이나 죽어서 가는 천당과 거의 동의어로 생각하는 사람이 대다수이다. 사회의식이나 역사의식이 조금 있는 사람들은 하나님나라를 사회정의와 인권, 평화 등과 동의어로 생각한다. 그런데, 이런 것들이 예수께서 처음부터 끝까지 모든 지혜와 열정을 쏟아부으며 가르친 하나님나라일까?

스승이요 주님이라고 고백하는 분의 중심 메시지를 제대로 알아채지도 이해하지도 못하는 사람을 그 스승의 제자요 그 주님을 따르는 자라고 말하기는 힘들다. 오늘날 교회와 그리스도인이 세상의 소망은커녕 대안 중 하나도 되지 못하는 이유가 여기에 있다. "주여, 주여"라고 부르는 그 주님의 가르침을 제대로 알지 못하니 그 진리를 믿고 살아 내는 일이 요원한 것은 너무도 당연하지 않겠는가.

오래전부터, 기독교 신앙에 대해 고민하는 사람을 위해 예수께서 전하였던 중심 사상을 담은 책을 쓰고 싶었다. 기독교를 진지하게 대안으로 검토하는 사람들만이 아니라, 기독교를 믿는 그리스도인과 교회에 실망해 배회하고 있거나 아예 떠나 버린 사람들을 위한 책을 쓰고 싶었다. 수년 전에 이와 비슷한 목적으로《풍성한 삶으로의 초대》(비아토르)를 출간했는데, 그 책은 이런저런 이유로 기독교를 오해하거나, "무조건 믿으라"라는 사람들의 횡포 때문에 기독교에 접근하기 힘들어하는 사람들을 위한 다소 '친절한' 안내서였다. 그 이후, 때가 되면 예수께서 당대에 선포하고 가르치셨던 '하나님나라 복음'을 직설적으로 설명하는 책을 내고 싶었다. 예수께서 전한 메시지는 우리가 사는 세상과 그 속에서 살고 있는 나를 직면하게 하고, 이런 세상과 나를 향하신 하나님의 광대한 뜻을 보여 주기 때문이다.

그러므로 이 책은 무신론적 세계관이 확고한 사람을 위한 책은 아니다. 이 책은 신이, 그것도 인격적인 신이 존재한다고 전제하는 사람을 위한 책이다. 적어도 신의 존재는 막연하게나마 믿는데, 그 신이 혼란과 고통이 가득한 세상에서 무슨 일을 하는지 모르겠다는 이들을 위한 책이다. 그 신이 내가 살아가는 오늘의 삶에 어떤 실제적인 의미가 있는지를 질문하는 사람들을 위한 책이다. 성경은 하나님이, 세상을 창조하고 인간의 역사에 개입하는 신이라고 일관되게 주장한다. 그뿐만 아니라, 당신 자신을 우리에게 알리는 신이라고 한다. 신이 존재한다고 믿어도 그 신을 알수도 없고, 또한 그 신이 인간의 역사에 개입하지도 않는다면, 그런 신이 우리에게 무슨 의미가 있겠는가? 이 책은 인간의 역사에 개입하는 하나님이 우리에게 전달하고자 하는 중심 메시지가 무엇인지를 다룬다.

또한, 이 책은 오늘날의 교회에 실망하고 있거나 아예 교회를 떠난 사람들을 위한 책이기도 하다. 예수께서 가르치신 중심 메시지를 간과하거나 놓친 교회와 기독교가, 하나님이 원하는 모습을 세상 속에 보여 주지 못하리라는 것은 당연하다. 하나님나라를 놓치면 성경에서 가르치는 기독교에서 이탈해 매우 왜곡된 종교가 나타날 가능성이 농후하며, 기독교 역사는 그 부끄러운 예들을 자주 기록해 왔고 오늘도 그 역사는 쓰이고 있다. 그래서 이 책을 쓰는 마음은 무겁고 또한 긴급하다.

그러나 이 책을 쓰면서 기쁨도 있었다. 성경을 통해서 발견한, 그리고 지난 수천 년 역사 속에서 실제로 일하고 계신 하나님을 소개한다는 가슴 벅찬 감격 때문이다. 하나님은 지난 세월 나를 포함해 수많은 이들을 부르셨던 것처럼 오늘도 사람들에게 도전하시며 초대하신다. 그리고 이천 년 전과 마찬가지로 예수께서 전하신 하나님나라의 복음을 제대로 알아들은 사람은, 그들이 평범하더라도, 아니 평범 이하라 할지라도, 자신에게 도전하시며 초대하시는 하나님나라를 기쁨으로 받아들인다. 그리고 그 나라에 속하여, 세상을 살아간다. 세상이 아무리 깨어져 있어도 그들은 그 속에서 자신들의 몫을 찾아가기 시작한다. 처음에는 겨자씨처럼 미미하나, 그들은 세월이 흘러가면서 역사 속에 유의미한 흔적을 남겨 왔고, 지금도 그러하기 때문이다.

이 책을 읽는 가장 좋은 방법은 누군가와 함께 읽으며 이야기를 나누는 것이다. 이 책을 추천한 사람이나, 주변에 하나님을 진지하게 따라가고 있는 사람이 있다면, 그와 함께 책을 읽어 나가며 이야기를 나누면 좋겠다. 대화를 위한 촉매 역할을 하길 기대하며, 각 장 끝에 함께 나눌 질문을 덧붙였으니 활용해도 좋다. 긴 책이 아니므로 독서력이 있는 사람은 앉은 자리에서 단번에 읽을 수도 있지만, 1-2장씩 읽고 일주일에 한 번이나 두 번 만나 읽은 내용에 대한 생각을 나누는 것이 더 유익하다. 좋은 책읽기는 그 내용이 자신에게 어떤 의미가 있는지 반추하며 읽는 것이다. 모든 책을 그렇게 읽는 것이 좋겠지만, 이 책은 특별히 성경이 증언하는 하나님에 관한 책이다. 하나님에 대한 초보적이지만 본질적인 이 책의 설명이, 나와 세상에 대해 무엇을 말하고 있는지 생각해 보고, 그런 생각을 함께 나누는 것은 하나님을 믿고 안 믿고를 떠나 소중한 일이 아닐 수 없다. 어차피 홀로 걸어가는 것이 인생이 아니라고 생각한다면, 이 책을 읽고 나누다가 생각과 마음을 나누는 도반(道伴)이 생기는 축복을 덤으로 챙길 수도 있다.

직접 만나지는 못했지만, 책을 통해 길벗이 되어 준 프란시스 쉐퍼 Francis A. Schaeffer가 남긴, 나의 인생길에 소중한 모토가 되었던 글귀를 독자 모두에게 선사한다.

"An honest question must be given an honest answer." (솔직한 질문은 솔직한 답변을 가져다 준다.)

인생을 살아가면서, 세상에 함몰되지 않고 세상과 인생, 그리고 나와 하나님에 대해서 진실한 답변을 찾고 있다면, 그 답변은 반드시 주어진다. 진실한 답변을 찾고 있는 '찾는이'를 '찾고 계신 분'이 있기 때문이다.

2019년 2월 북악산 자락에서

깨어진
세상

우리는 모두 행복해지고 싶어 한다. 인류는 더 나은 세상을 만들려 수고하며 애써 왔다. 그런데 어느 시대든 그들이 원했던 삶을 찾지 못했다. 무엇이 문제인가? 우리는 가끔이라도 세상이 왜 이 모양인지, 그 속에서 어떻게 살아야 하는지를 물어야 한다. 답이 없는 질문이니 무시하고, 그저 큰 피해나 주지 않고 하루하루 살다가, 명이 다하면 스러지는 게 인생이라며 스스로 위로하며 지내야 할까. 그러기에는 우리 삶이 너무나 아깝고 소중하다.

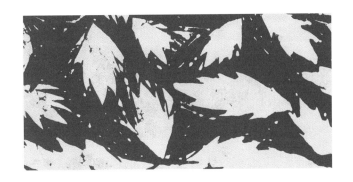

매일 매일 살아가는 것이 참 바쁘고 힘들다. 하지만, 가끔 멈추어 서서 우리가 살고 있는 세상과 나의 삶을 들여다볼 때가 있다. 이럴 때, 자주 혼란스러움을 느낀다. 세상은 행복이 손에 잡힐 것 같이 바로 내 앞에 있다고 말하는데, 그게 내 삶에서 가능한지는 잘 모르겠다. 그건 남들의 이야기일 뿐이라 느끼기도 한다. 설사 내 삶이 그럭저럭 괜찮아도, 다른 사람들의 삶을 조금이라도 애정을 가지고 바라보면, 곳곳에 있는 푸념과 체념, 그리고 한숨과 눈물을 발견한다. 인류는 끊임없이 좀 더 나은 세상을 만들려 분투했고, 우리 자신도 그 세상 속에서 좀 더 나은 삶을 위해 애쓰고 있다. 그런데 그런 세상과 삶이 주어지지를 않는다.

깨어진 세상

텔레비전 광고와 뉴스

늘 접하는 텔레비전이 우리의 혼란스러운 실상을 무엇보다도 잘 보여 준다. 텔레비전을 보고 있노라면, 프로그램 중간중간 등장하는 광고들은 '행복한 삶'이 바로 우리 코앞에 있다고 말하는 것 같다. "값싸고 빠르게 배달될 '이 음식'이 당신의 미각을 만족시켜 줄 것이다." "최신 패션의 '이 옷'을 입으면 당신은 멋져 보일 것이다." "최신 감각과 기술의 '이 스마트폰'을 가지면, 당신은 세상의 첨단에 설 것이다." "'이 차'를 타면 당신의 품격이 높아질 것이다." "'이 아파트'에서 살면 당신은 안전하고 안락할 것이다." 정말이지, 우리 감성과 미적 감각을 만족시키는, 때로는 심오하기조차 한 광고는 우리가 누리고 싶은 행복을 곧 손에 잡을 수 있다는 듯 유혹한다.

하지만, 같은 텔레비전에서 연이어 나오는 뉴스를 보면, 우리가 사는 세상이 아비규환과 별반 다르지 않다는 생각이 든다. 선거 때는 세상을 바르게 하고 모든 사람이 잘사는 세상을 약속하며, 분초를 아끼며 거리거리에서 머리를 조아렸던 정치인들이 매일매일 우리를 실망하게 하는 언행을 이어간다. 경제는 늘 위기 상황이고, 사는 것이 힘들다 보니 개인 간 집단 간 갈등이 끊이지 않는다. 갈등이 증폭되면 갑의 위치에 있는 개인과 집단은 미약한 개인에게 이런저런 폭력을 행사한다. 사람이 사람에게 할 수 없는 희대의 사건들도 종종 보도된다. 이젠 하도 자주 일어나서 희대라는 말도 무색하다. 새로운 이야기를 전하는 뉴스 news는 슬프고 아픈, 인간의 가장 오래된 이야기 olds만 아무렇지 않게 무한 반복 재생한다.

정말이지 텔레비전을 보고 있노라면 가끔 정신 착란증에 걸릴 것 같다. 손만 뻗으면 행복을 얻을 수 있다고 약속하는 광고가 혀를 끌끌 차게 만드는 세상의 민낯과 번갈아가며 수시로 얼굴을 내민다! 이것이 어찌 텔레비전뿐이겠는가. 우리는 일상에서 이중적인 메시지를 끊임없이 받고 있다. 한편에서는 이것저것만 하면, 또는 소유하면 살 만할 거라는, 아니 안락하고 화려하게 살 수 있다는 약속이 넘치고, 다른 한편에서는 신음과 슬픔과 분노, 또는 분노하지도 못하는 사람들의 눈물이 보인다.

행복을 추구하는 사람들

사람은 대부분 "당신은 행복해질 수 있습니다. 재미있게 살 수 있습니다. 당신 인생이 좋아질 겁니다!"라는 메시지를 믿고 싶어 한다. 먹거리, 화장품, 옷, 가전제품, 차, 아파트, 여행에 이르기까지 수많은 것들을 가지면 행복해질 거라고 믿는다. 그래서 더 많이 소유하고 소비하기 위해 열심히 살아간다. 분초를 아끼며 살기도 한다. 하지만 불행하게도 우리 대부분의 수입은 이러한 행복을 구매할 수 있을 정도로 충분하지 못하다. 우리 소유는 우리가 원하는 행복에 비해 언제나 역부족이다. 부모에게 넉넉한 유산을 받고 살아가는 사람들이 부럽기만 하다. '주식이든 부동산이든 대박 나서 돈벼락 좀 한번 맞아 봤으면 좋겠다'라는 생각을 하면서도 부끄러워 얼굴 붉히는 사람도 이제는 없는 것 같다. 그렇게만 된다면 얼마나 좋을까 하고 거의 모두가 그렇게 생각한다.

요즘은 아이들에게 장래 희망이 뭐냐고 물으면 CEO나 연예인이라고 답한단다. 정작 CEO가 뭐 하는 사람인지는 몰라도 돈 많이 번다는 것 하나만은 안다. 어떤 선생님이 한 아이에게 "장래 희망, 꿈이 뭐니?"라고 물었더니, "재벌 2세요"라고 답했단다. 그런데 꿈을 이야기하면서도 아이 표정이 어두워서 그 이유를 물었더니, 아이가 이렇게 답했다고 한다. "우리 아빠가 노력을 안 해요." 아빠가 노력해야 재벌이 되는데 별다른 노력을 하지 않으니, 아이는 재벌 2세가 될 수가 없음을 직감(!)한 것이다. 어린아이들조차 충분히 소유하면 무엇이든 보장된다고 생각한다. 이것이 우리가 사는 세상의 부인할 수 없는 민낯이다.

한숨과 눈물의 세상
|

이 책을 읽고 있는 우리 모두도 겉으로 보기엔 멀쩡할지 모른다. 그러나 때때로 우리 마음속에도 말할 수 없는 공허감과 고통이 찾아 온다. 깊은 시름에 빠져 잠자리에 들고, 아무런 희망 없이 밝아 오는 새벽 창문을 맞이하기도 한다. 정말 마음이 재처럼 타 버려서 남은 것 하나 없이, 사막 같은 인생길을 걸어가기도 한다. 삶에 뭐 특별한 낙이 있겠냐며 체념하며 살아가기도 한다. 오늘 하루 무슨 일이 일어날지 기대하며 깨기보다는 "어휴, 죽겠네"라면서 일어나는 일에 익숙해지기도 한다. 우리가 사는 세상은 왜 이렇게 허무와 한숨이 가득할까? 오늘날 젊은이들을 보면, 힘도 패기도 없어 보이는 이들이 적지 않다. 꿈을 꾸기가 힘들다고 한다. '삼포, 오포, 칠포 세대'도 모자라 'N포 세대'라 불리는 우리 젊은이들은 전 세계에 불어닥친 신자유

주의 경제 체제 속에서 평범한 삶을 유지하기조차 힘든 상황에 내몰리고 있다.

오늘날 젊은이들을 보면 안타까운 마음을 금할 수 없다. 이들 중 극히 일부만이 소위 명문대에 들어가고 성공의 사다리에 오른다. 명문대를 나와서 대기업에 들어가는 것이 거의 과거에 장원급제하는 수준이다. 그러나 대기업에 들어간 소수 엘리트의 삶을 들여다보면, 30대에는 그런 노예가 없다 싶을 정도로 혹사당한다. 40대쯤 되면, '내가 왜 이렇게 사나?' 하는 회의에 빠진다. 잘 아는 한 친구는 30대를 대기업에서 보내면서, 아침마다 지하철 철로에 뛰어들고 싶다는 생각을 한두 번 한 게 아니었다고 고백한다. 그래도 이들은 대기업에 들어간 소위 성공한 젊은이들이다. 나머지 대다수 젊은이는 평범한 삶을 살기 위해 이성교제도, 결혼도, 출산도 미룬다. 이것이 오늘날 우리가 사는 세상이다.

나이 든다고 문제가 나아지는 것도 아니다. 평균수명은 늘어나는데 '노년에 어떻게 살까?'라는 염려는 사라지지 않는다. 단지 경제적 보장만이 문제가 아니라 사회적으로 어떤 역할을 할 수 있을지, 더 근본적으로는 노년을 함께 보낼 친구나 가족이 있기나 할지 두려워하는 사람이 한둘

이 아니다. 사실 나이 든 사람들은 고독사라는 단어가 나오면 움찔움찔 놀란다. 전통적인 가정이 해체되고 1인 가정이 폭발적으로 늘고 있으니, 고독사는 이제 남 이야기가 아니다. 가정이 있어도 상황은 비슷하다. 과거에는 일반적으로 아내가 약자였지만, 요즘은 경제적 능력이 없으면 약자가 된다. 경제력이 가장 중요해졌고, 경제력은 경쟁력에서 온다고 믿기에, 부모들은 자녀들이 경쟁에서 살아남아야 한다는 두려움 속에서 아이들을 양육한다. 두려움으로 키운 아이가 행복하지 않은 것은 당연하다.

한국은 OECD 국가 중에서 아동 청소년의 행복지수가 꼴찌이다. 물론 성적은 한국 아이들이 상위권이다. 그러나 제일 불행한 아이들이 한국 아이들이다. 대학생들에게 "공부가 재밌는 사람 손 들어 보라"라고 하면, 아무도 손들지 않는다. "공부는 재밌는 것이다"라고 말하면 농담하냐며 웃는다. 우리 사회에서는 공부 하면 등수가 나오고, 그에 따라 줄이 세워진다. 당연히 극히 일부만이 주목받고 대다수는 패자loser가 된다. 공부하는 것이 재미있을 리 없다. 공부란 나와 인생과 세상과 역사에 관해 알아가는, 인간이 누릴 수 있는 최고의 기쁨 중 하나인데, 한국인에게는 공부가 기쁘지 않다. 공부를 통해 내가 모자란다는 사실만을

깨어진 세상

확인하기 때문이다.

세상, 잔칫집인가 초상집인가
|

우리는 세상이 점점 더 나아질 것이라고 믿는다. 물론 인간 사회와 문명에 진보가 없었던 것은 아니지만, 세상이 정말 나아지고 있는지에는 고개가 갸우뚱해진다. 오늘날 N포 세대가 당하는 어려움을 생각하면 안타까움과 미안함을 금할 수 없다. 하지만, 젊은 세대가 늘 고통을 당해 온 것도 사실이다. 80년대에는 정치적 자유가 제한된 가운데 민주화를 위해 수많은 젊은이가 희생했다. 60년대 후반부터 70년대 산업화 시기의 밑거름 역시 젊은이였다. 그러고 보면, 50년대 한국전쟁 최전선의 총알받이들도 젊은이였다. 사실 인류 역사를 보면, 젊은이들은 늘 기득권층에 의해 희생당해 왔다. 젊은이뿐만이 아니다. 모든 세대의 부모가 자녀를 위해 희생을 마다하지 않았다. 일제강점기에서, 한국전쟁, 산업화, 민주화, 그리고 IMF 금융사태를 겪어 오면서, 얼마나 많은 부모가 가정 하나를 지키려고 온갖 고통을 감내하였는가? 이런저런 여건들이 조금씩 나아지고는 있지만, 우리가 사는 세상, 우리 개인의 삶은 여전히 힘

겹다.

이런 세상에서 우리는 '파티'를 꿈꾼다. 내가 소원하는 바를 다 이룰 수 있도록 충분히 소유하면서, 내가 살고 싶은 대로 맘껏 즐기며 사는 파티 같은 인생을 소원한다. 그러나 극히 일부만이 이런 삶을 누리고, 대다수 사람에게는 파티는커녕 평생 한숨과 눈물만 주어진다. 80년대에 재봉틀을 돌렸던 노동자는 이제 드물어졌지만, 이주노동자들이 기피 업종을 맡으면서 한숨과 눈물 속에 산다. 청년 중 일부만이 대학에 진학해서 정년이 보장된 직장을 잡던 시대는 과거가 되었고, 대다수 청년이 대학에 입학하고 졸업해도 평범한 직장 하나 잡기 어려운 시대가 되었다. 청년들 꿈은 그냥 남들처럼 평범하게 사는 것인데, 이마저도 여의치가 않다. 늘어난 인간 수명으로 누리는 장수(!)의 복은 홀로 되는 두려움과 늘어나는 의료비를 예고하며 막막한 노후 생활로 다가오고 있다.

아주 오래전에 쓰인 성경의 지혜서에는 다음 같은 말이 있다.

> 지혜로운 사람의 마음은 초상집에 가 있고 어리석은 사람의 마음은 잔칫집에 가 있다(전도서 7:4).

깨어진 세상

대부분 사람 마음은 잔칫집에 가 있다. "어떡하면 재밌게 놀까? 어떡하면 내가 누릴 수 있는 권리를 최대한 사용해서 즐겁게 살까?" 거기 마음이 가 있는 사람들을 지혜자는 어리석은 사람이라 부른다. 반면에 지혜로운 사람의 마음은 초상집에 가 있다. 인간의 실존이 초상집과 같음을 깨닫는 자가 지혜롭다는 것이다. 인간은 살아 있는 동안 끊임없이 슬픔과 고통을 겪고, 그것들이 결집된 초상집이야말로 인간이 마지막으로 다다르는 곳이다. 지혜로운 사람의 마음은 인간의 실존을 직면한다고 지혜자는 말한다. 삶에 환희가 있지만 잠깐이고, 인간이 겪는 고통이 인간 실존의 가장 큰 특징이라는 것이다.

인간의 다양한 시도와 대안들

인간은 이러한 고통과 실존의 문제를 해결하기 위해 부단히 애써 왔다. 물론 일부는 숙명론으로 인생과 세상을 이해한다. 자신의 삶을 숙명으로 받아들이거나, 무언가에 의해 이미 결정되어 있다고 생각하는 사람도 있다. 이런 결정론에 기대어 기득권층은 자신의 기득 권력을 합리화하고, 세상을 평등하고 정의롭게 바꾸려는 시도를 무시하고 억압하기도 했다. 그러나 인간은 이러한 억압과 체념을 뛰어넘어, 인간이 처한 상황을 극복하려고 땀과 눈물과 피를 흘렸다. 단지 자신만이 아니라 이웃의 삶을 위해 애쓴 결과가 켜켜이 쌓여 오늘날 우리 삶의 기초를 이루고 있다. 사실 이렇게 애를 쓴 흔적이 인류 역사이며 문명사이다. 오늘날 우리 삶은 이런 수고와 희생을 마다하지 않은 선조들에 힘입은 바가 크다. 세상을 변화시키려는 시도와 대안들은 참으로 소중하고 앞으로도 계속 이어질 것이다. 하지만, 과연 그러한 시도들과 대안들이 세상을 변화시켰고, 우리 인생의 문제를 본질적으로 해결하고 있는가?

교육과 과학
|

사람들은 인간의 문제가 무지에서 기인한다고 판단해 교육에 힘을 써 왔다. 예로부터 동양에서는 글을 읽는 군자가 되는 것이 인간의 중요한 덕목이었다. 특히 서구에서는 계몽주의가 일어난 이후로 지식을 매우 중요하게 여겨 교육에 공을 많이 들였고, 그 덕분에 여러 분야가 발전했다. 이제 동서양을 막론하고 많은 사람이 문맹을 탈출해 글을 읽을 줄 알며, 그 덕분에 인류는 무지에서 벗어났다. 자기

깨어진 세상

생각을 글로 써서 표현하는 것도 그 어느 시대보다 확대되고 있다. 인간이 현재 가지고 있는 지식의 양은 과거 어느 시대보다 많아졌다. 인터넷의 발전으로 지식은 축적의 대상이 아니라 검색의 대상이 되었다. 지식과 정보는 특수 계층만 소유하는 게 아니라, 일반 대중이 공유하는 것이 되었다. 하지만 지식의 양이 늘면 인간 사회의 문제가 줄어들 것이라는 순진한 기대와 달리, 지능형 범죄가 점점 더 늘어나고 있다. 가난 때문에 어쩔 수 없이 저지르던 '장발장식' 범죄가 고전적 범죄라면, 이제는 더 많은 쾌락과 부와 권력을 얻기 위해 매우 지능적이고 고도로 계산된 범죄들이 사회 곳곳에서 일어나고 있다. 이러한 범죄를 막는 제도를 비웃듯이, 더욱더 교활한 범죄와 이로 인한 끔찍한 일들이 끊이지 않는다.

사람들은 과학이 발전하면 생산성도 높아지고 문명의 이기가 우리를 많은 불편함과 한계에서 벗어나게 해 줄 것으로 생각해서 과학을 발전시켜 왔다. 과학은 다양한 산업과 의료에 영향을 끼쳐, 생산성은 급속도로 높아졌고 수명도 늘어나 100세 시대가 코앞까지 다가왔다. 과학 발전은 정말 눈부셔서 예측 불가능할 정도로 빠르게 진행되고 있다. 엄청난 진보가 지금 이 시각에도 일어나고 있다. 그러나 그와 함께 진보의 그림자도 짙게 드리우고 있음을 부인할 수 없다. 수많은 사례 중에서 다이너마이트를 만들었다가 후회했던 노벨은 고전적 예일 뿐이다. 다이너마이트보다 수만 배 큰 에너지를 분출하는 핵분열을 이용해 에너지를 얻는 것은 현대 과학의 대단한 기여지만, 핵분열을 이용한 핵무기는 인류를 핵 위협 가운데 놓이게 했다. 이제 핵무기는 지구 전체를 날려 버릴 정도의 엄청난 파괴력을 누적하고 있다. 다양한 미디어와 통신 기술의 발전도 마찬가지이다. 우리는 이제 지하철에서도 언제든 원하는 영상을 골라 볼 수 있지만, 초등학생들은 성징이 나타나기도 전에 이미 '야동'을 섭렵하고 왜곡된 성 의식을 형성한다. 과학 발전은 인류에 이바지하는 동시에 인류의 존재 자체를 위협한다.

경제와 제도

|

사람들은 '잘 못 먹고 경제가 힘들어서 우리가 불행하다'고 생각한다. 경제적으로 부유해지면 행복해질 거로 생각한다. 90년대 초에 미국 대통령 선거를 보면서, 경제, 특히 세금 정책이 표심을 좌우하는 가장 중요한 요소라는 점이

깨어진 세상

잘 이해되지 않았다. 그러나 이제 우리나라 대통령 선거에서도 경제는 가장 중요한 요소가 되었다. 경제가 발전해 안정되는 것이 행복의 기본 조건임은 이제 상식이다. 그러나 경제가 발전한다고 행복해지는 것이 아님을 우리는 잘 안다. 한국은 OECD 국가에 진입했을 뿐 아니라, GDP로 보면 전 세계 13위이다. 10위 내 진입도 머지않아 가능할지 모른다. 정말 대단한 발전이 아닐 수 없다. 1950년대 한국전쟁 직후 우리나라 GDP는 세계 109위였다. 60년대를 지나 70년대를 거치면서 109위에서 13위로 도약했으니, 경제발전으로 보면 한국은 현대 세계사에서 유례가 없는 나라이다.

재정적으로는 극빈국에서 선진국 반열에 올랐다. 그러나 우리는 불행하다. 행복지수로 따지면 우리나라 사람들은 40위권 밖이다. OECD 국가 중에 어린이와 청소년 행복지수는 꼴찌이다. 그렇다면 노인의 행복지수는? 역시 꼴찌이다. 노인 자살률? 이 또한 최고이다. 자살률도 최고 수준이며 출산율은 최저이다. OECD 국가 중에서 가장 많은 시간을 노동하는 나라 중 하나이다. 이러한 통계만 보면, 우리나라는 아이를 낳아 키울 수 없을 정도로 불행한 나라이다. 어린이와 청소년부터 노인에 이르기까지 전반적으로 불행한 나라이다. 한반도 전역을 잿더미로 만들었던 한국전쟁 직후의 극빈 상황에서 무척 높은 경제 수준에까지 올랐으나, 불행한 것으로도 세계적인 나라가 되었다. 경제가 사람을 편하게 할지는 몰라도, 행복을 가져다주지는 못한다. 경제는 분명 중요한 문제지만, 인간의 본질적 문제에 답이 안 된다는 것을 우리는 온몸으로 확인하고 있다.

사람들은 경제와 함께 제도를 보완하고 더욱 완전하게 함으로써 행복을 지킬 수 있다고 생각했다. 현재 한국사회의 정치구조인 민주주의와 경제구조인 자본주의는 인류가 고안해 낸 시스템 중에서 그나마 나은 것이라 할 수 있다. 그러나 민주주의 정신을 제대로 실행해 내는 정치인과 시민이 형성돼 있지 않으니, 갈등과 불화가 끊이지 않는다. 수많은 희생을 통해 민주주의가 우리 사회에 정착해 가고 있지만, 다수와 기득권층의 횡포를 막기란 쉽지 않다. 일상에서는 다수의 결정이 일반적으로 옳을 수 있으나, 위기나 갈등 상황에서 서로의 이해가 충돌할 때는 다수의 결정이 늘 옳지만은 않았다. 또한 기득권을 가진 자들은 자신의 권리를 보호할 뿐 아니라, 더욱 확대하기 위해 온갖 방법을 동원한다. 제도를 만들고 보완하는 일은 지속해야겠지만, 인간의 욕망을 제재할 수 있는 법을 만들어 제도화

깨어진 세상

하는 것에는 한계가 있을 수밖에 없다. 수많은 새로운 법령이 국회에서 통과되기를 기다리며 쌓여 있고, 통과된 법령이 제대로 시행되기까지는 또 많은 세월이 걸린다.

자본주의는 어떠한가? 공산주의와 대결해 자본주의가 승리한 이후로 우리는 특별히 다른 시스템을 찾지 못하고 있다. 거대해지는 자본의 폐해가 곳곳에서 드러나, 어떻게 하면 좀 더 따뜻한 자본주의로 이행할 수 있을지를 논의하기 시작했다. 자본주의가 가져오는 부의 양극화 현상은 심각한데, 이런 현상은 정치와 경제 제도가 발전하지 못한 가난한 나라에서만 일어나는 일이 아니다. 미국의 CEO 연봉은 노동자 평균 임금보다 얼마나 높을까? 331배라고 한다. 독일이 147배, 일본이 67배, 우리나라는 40-50배쯤 된다. 피터 드러커는 약 20배쯤이면 적정하다고 보았다. 한국 사람들은 조사해 보니 12배 정도면 적정하다고 응답했다. CEO가 위험을 감수하는 결정을 하기도 하고, 그 결정을 실행하는 매우 고되고 전문적인 일이니 12배 정도면 괜찮겠다고 봤지만, 실제로는 50배 넘게 차이 난다. 물론 기업에 따라서는 60배나 70배, 그 이상인 곳도 드물지 않다. 이것이 정상인가? 한 사람의 노동 가치가 이렇게나 차이 나는 것일까? 자본주의도 역시 진화해 나가겠지만, 이런 비정상적 상태가 과연 얼마나 나아질 수 있을까? 자본주의가 발달한 나라일수록 부의 양극화 현상도 두드러진다.

옛날이나 지금이나
|

지금부터 수천 년 전에 지혜로운 사람의 마음은 초상집에 있다고 말했던 그 지혜자는 인간사를 살펴보고서 모든 수고가 "헛되이 바람을 잡으려는 것과 같다"라고도 했다.

> 사람이 해 아래서 아무리 수고한들, 무슨 보람이 있는가? 한 세대가 가고, 또 한 세대가 오지만, 세상은 언제나 그대로다.…이미 있던 것이 훗날에 다시 있을 것이며, 이미 일어났던 일이 훗날에 다시 일어날 것이다. 하늘 아래에서 되어지는 온갖 일을 살펴서 알아내려고 지혜를 짜며 심혈을 기울였다. 괴로웠다.… 해 아래에서 벌어지는 온갖 일을 보니 그 모두가 헛되어 바람을 잡으려는 것과 같다(전도서 1:3-4, 9, 13-14).

사람은 늘 수고한다. 인간의 한계를 극복하고 모두가 행복하고 잘 사는 삶을 위해 애쓰고 또 수고한다. 그러나 지

깨어진 세상

혜자는 인간 세상에서 일어나는 진보가 대단하지 않고, 과거에 일어났던 일이 훗날 다시 반복된다고 말한다. 해 아래서 이루어지는 일이 모두 헛되다는 지혜자의 지적은, 문제 해결을 위한 인간의 수고가 플러스를 이루지만, 진보의 그림자로 인한 마이너스로 결국에는 제로섬이 되어버리는 현대 사회에도 적용된다.

무엇이 문제인가?

우리는 모두 행복해지고 싶어 한다. 인류는 더 나은 세상을 만들려 수고하며 애써 왔다. 그런데 어느 시대든, 그 시대를 살았던 사람들은 그들이 원했던 삶을 찾지 못했다. 인류가 걸어온 궤적을 잠시 살펴보면, 인류 스스로 자랑스러워할 만한 진보도 분명 있었다. 하지만 찬란한 문명 발전과 함께 그림자도 짙게 드리우고 있음을 부인할 수 없다. 교육, 과학, 경제, 제도 등 모든 분야에서 인간은 각고의 노력을 기울였고 자랑스러운 성취를 보였지만, 인간의 문제는 여전하다.

무엇이 문제인가? 시간이 남아서 호기심 삼아 던지는 질문이 아니다. 이는 인류 문명사의 문제만이 아니라, 우리 개인의 문제이기도 하다. 우리는 조금만 더 노력하면 우리 삶이 나아지리라 기대하며 애를 쓰지만, 우리가 처한 여건의 한계를 발견하고는 체념하고, 부당한 대우에 분노하다가 한숨을 쉰다. 매일 살아가는 일에 힘들고 지치다 보니, 이런 질문을 제대로 던질 마음의 여유는 물론이고 실제로도 여유가 없는 경우가 많다. 우리 개인의 문제는 우리가 살고 있는 세상과 연결되어 있다. 그래서 우리는 가끔이라도 우리가 살아가는 세상이 왜 이 모양인지, 그리고 이 속에서 도대체 어떻게 살아야 하는지를 질문해야 한다.

우리는 우리가 사는 세상이 깨져 있다는 사실을 직면하고 싶지 않은지도 모른다. 그러나 우리가 성인이 되기 전이든, 20-30대를 지나고 있든, 40-50대를 넘어섰든, 더 나이가 들어 가까이 다가오는 죽음을 느끼고 있든, 본질적인 질문에서는 벗어날 수 없다. 답이 없는 질문이니 무시하고, 그저 다른 사람에게 큰 피해나 주지 않고 하루하루 살다가, 명이 다하면 스러지는 것이 인생이라며 스스로 위로하며 살겠는가. 그러기에 우리 삶은 너무나 소중하다. 우리는 사랑하는 사람에게 "그냥 열심히 살라"거나 "사는 건 다 그런 거야"라거나 "너 자신에게 충실해" 같은 별 도움도 안 되는 말보다는 내 삶을 통해 검증된 지혜를 나누어

깨어진 세상

주고 싶어 한다. 아니, 내가 그런 삶을 먼저 살아 보고 싶은데, 어디서부터 시작해야 할지 막막하다. 우리 인류는, 우리 개개인은 깨어진 세상을 살아가면서, 인류의 역사만큼 오래된 '왜?'라는 큰 물음표를 안고 있다.

1. 인류는 세상을 좀 더 나은 곳으로 만들려고 끊임없이 노력해 왔다. 그로 인해 진보한 면도 있지만, 여전히 또 다른 문제가 생겨난다. 이런 예들을 이야기해 보자.

2. 행복을 가져다줄 것처럼 약속했던 세상의 실상이 그렇지 않음을 경험한 적 있는가? 당신의 미래를 생각하면, 당신은 '기쁨-기대-무력-불안-실망-체념-절망'의 선상 어디쯤 서 있는가? 그 이유는?

3. 당신은 이런 세상에서 '잔칫집'을 찾아다니는가? 아니면 '초상집'의 문제의식을 느끼고 있는가? 그 이유는 무엇이라고 생각하나?

깨어진 세상

자기
중심성

우리는 모두 행복을 추구하는데, 왜 인생에는 한숨과 눈물만이 가득할까? 인류는 자신이 직면한 문제를 해결하기 위해 모든 지혜와 노력을 동원했지만, 진보하는 만큼 해결하기 어려운 새로운 문제들도 계속 만들어 낸다. 왜 그럴까? 오래된 이 질문에 여러 분석과 진단이 따르겠지만, 답은 의외로 가장 단순한 데서 찾을 수 있다. 바로 인간의 본성이 자기중심적이기 때문이다.

세상사가 다 그렇지만, 현상에 집중하고 본질을 놓치면 모든 일이 헛수고가 되고 만다. 그래서 의사는 증상이 아닌 원인에 집중하여 질병의 뿌리를 제거하려고 한다. 좋은 경영자는 기업의 외형만 키우려 하지 않고, 기업이 가진 본질적 능력을 개선하고 혁신하는 일에 마음을 쏟는다. 좋은 선생님은 학생들의 점수만이 아니라, 학생들이 좋은 사람이 되는 일에 열과 성을 다할 것이다. 개인 차원에서나 인류 전체 차원에서나 우리가 모두 안고 있는 질문, '우리는 모두 행복한 삶을 추구하는데, 왜 행복을 누리지 못하는가'에 대한 답을 찾으려면, 마찬가지로 현상보다는 본질에 집중해야 한다. 개인과 인류의 가장 근본적인 문제는 무엇인가? 우리가 모두 이토록 열심히 노력하는데도 우리가 사는 세상은 왜 여전히 '깨어진 세상'일까?

결혼식장의 아이러니

|

결혼식 주례를 자주 하는 편이다. 어느 날 단상 위에 서서 걸어 들어오는 신랑 신부를 바라보다가, 인간의 딜레마가 바로 그곳에 있음을 깨달았다. 사람들은 "이 한 사람을 죽도록 사랑하겠어요!"라고 동네방네 청첩장을 돌리고 결혼식을 올린다. 인생에 단 한 번뿐이라 생각해 결혼사진을 정성 들여 찍어서 거실에 걸어 놓는다. 멋지고 아름다운 그 모습을 재현하기 어렵기에, 또 그 행복이 영원히 지속하기를 소원하는 마음에 그렇게 하는 것이다. 그런데 참 아이러니한 것은, 동네방네 사랑하겠다고 다짐했어도 그 한 사람을 사랑하기가 절대 쉽지 않다는 것이다. 결혼 후 많은 부부가 서로에 대해 체념한 상태로 살아간다. 많은 사람이 "차라리 혼자 사는 게 낫지. 같이 살면서 외로운 건 더 힘들다"라고 생각한다. 성격 차이로 갈라서서 원수처럼 싸우기도 한다. 아이들 때문에 할 수 없이 살다가 결국은 나이 들어 황혼 이혼하는 사람도 늘어간다. 이런 부모

를 보고 자란 아이들은 결혼을 미루거나 아예 혼자 살겠다고 결심하기도 한다. 무엇이 그토록 아름다웠던 사랑의 기대를 무참하게 무너뜨리는가? 전 인류를 사랑하겠다고 결단한 것도 아니고, 한국 사람 모두를 사랑하겠다는 것도 아니고, 동네 사람들을 다 사랑하겠다는 것도 아니고, 그저 딱 한 명, 그것도 내가 정말 좋아서 선택한 그 한 사람을 사랑하는 일이 쉽지 않다. 이것이 인간의 근본 문제이다. 주례 단상에서 결혼식장으로 걸어 들어오는, 일생 중 가장 잘 생기고 가장 예쁜 신랑 신부를 바라보면서 인류의 근본 문제가 눈에 들어왔다.

우리는 모두 행복을 추구하는데, 왜 반대로 한숨과 눈물이 가득한 인생을 살아가는가? 인류는 인간이 직면한 문제를 해결하기 위해 모든 지혜와 노력을 기울였지만, 해결하기 어려운 문제들은 왜 진보하는 만큼 계속 새로 나오는가? 이 오래된 질문에는 여러 분석과 진단과 해석이 따를 수 있지만, 가장 단순한 데서 답을 찾을 수 있다. 바로 인간의 본성이 자기중심적이기 때문이다. 평생 생명을 다해 사랑하겠다는 부부도 사소한 일에서부터 차이를 보이면서 서로를 인정 못 하는데, 그 이유도 자기중심적으로 생각하기 때문이다. 어찌 부부관계만 그렇겠는가? 인간의 모든

자기중심성

행위 근저에 자기중심성이 도사리고 있음을 부인하기는 힘들다. 물론 상황이 좋을 때 인간은 일반적으로 착하고 너그러워 다른 사람을 위해 손해도 보고 양보도 하며 선행을 베푼다. 그러나 내 이익이나 명예가 걸리기 시작할 때, 더 나아가 내가 피해를 본다고 생각하면 계속 착하지만은 않다. 자신을 지켜야 하고, 자기 인생을 남이 함부로 건드리게 놔두면 안 되기 때문이다. 그러나 내 이익과 명예에 적절한 선을 그을 수 없을뿐더러, 사람들은 더 많은 이익과 명예를 얻고 싶어 한다. 그래서 인간의 자기중심성은 자신의 이익이 침해되거나 더 큰 이익을 얻고 싶을 때 숨겨진 모습을 드러낸다.

인간의 자기중심성은 개인이나 집단 간의 갈등이 불거질 때는 야만성을 띤다. 개인 간의 갈등이 심화하여 분쟁이 일어날 때, 이익 집단 간에 전쟁과도 같은 경쟁이 붙을 때, 자기중심적 모습은 야만성으로 드러난다. 이는 전쟁 시 가장 극단적인 양상을 보인다. 평상시 착하던 사람이 극한 상황에서 야만적 모습을 보이면 인간성 자체에 깊은 의구심이 든다. 이것이 인간의 문제이다. 사람들이 행복을 추구해도 이런저런 이유로 한숨과 눈물을 피하지 못하는 이유가 바로 인간의 자기중심성 때문이다. 교육, 과학, 경제, 제도 등이 지속해서 발전해도 그에 따르는 위험 요소가 함께 존재하는 것은 인간의 자기중심성 문제를 해결할 도리가 인간에게 없기 때문이다.

자기중심적 세상에서 사는 방식 - 약육강식
|

이런 세상에서 자신을 보호할 힘이 없는 약자들은 피해를 볼 수밖에 없다. 힘 있는 자들이 자신의 권리를 확보하고 더 소유하려 드니, 약자는 강자의 자비를 기대할 수밖에 없다. 자기중심적 세상에서는 약육강식의 규칙을 따를 수밖에 없다. 돈이 힘이 되어 버린 자본주의 사회에서는 정의를 시행해야 하는 법조계마저 '유전무죄, 무전유죄'라는 원리 앞에서 작아진다. 법이 있어도 그 법 자체가 힘 있는 사람들을 위해 개정되고 재해석되기도 한다. 한국 현대사의 가장 부끄러운 민낯을 표현하는 한 문장이 있다면, "성공한 쿠데타는 처벌할 수 없다"가 아닐까? 그렇다면, 성공한 강간도 처벌할 수 없다. 상식적으로는 힘이 있다면 그 힘으로 약자를 당연히 돌봐야 하는데, 그 당연한 순리가 적용되지 않는다. 그래서 우리가 사는 세상에서는 약자의 눈물과 한숨이 끊이질 않는다.

자기중심성

우리 삶의 정황이 이렇다 보니, 정도 차이만 있을 뿐 누구나 강자가 되길 원한다. 그래야 타인에게 휘둘리지 않고 살 수 있기 때문이다. 부모가 자식을 좋은 대학에 보내려 온갖 애를 쓰는 이유는 경쟁 사회 속에서 뒤떨어져 약자가 되는 모습을 지켜볼 수 없기 때문이다. 학력으로 인생의 성패가 좌우된다는 생각이 사라지기 전까지 한국의 입시 지옥은 사라지지 않을 것이다. 스무 살도 되기 전에 인생의 성패가 결정되는 세상에서는 부모든 아이든 두려워하며 살아가는 것이 당연하다. 각자가 자신의 능력에 맞게 욕심내지 않고 자족하고, 자신에게 있는 여분의 재원은 다른 사람들과 공평하게 나누며, 모두가 평등하게 살겠다는 생각이 세상을 지배하기 전까지는 누구나 강자가 되길 꿈꿀 수밖에 없다.

　대다수 사람은 강자가 되어야 가진 것을 나눌 수 있다고 생각한다. 하지만 경쟁이 치열한 세상에서 실제로 강자가 되는 사람은 많을 수 없다. 실제로 강자가 되었다 해도, 자기 것을 관리하고 누리기 위해서는 더 많은 자원이 필요하다. 그뿐만 아니라, 세상에는 강자인 나보다 더 센 강자가 있으므로 끊임없이 더 센 강자가 되어야 한다. 그래서 실제로 강자가 되어도 나눌 여유가 없다. 이러한 구도 속에서 자기중심성을 극복하기란 어렵다. 평생 사랑하겠다는 일생일대의 결단도 자기중심성 앞에 무너지는데, 경쟁해서 살아남아야 하는 사회 속에서 이 같은 논리가 극복될 리 만무하다. 강자가 되고 싶어도 강자가 되지 못하고, 만에 하나 강자가 되어도 약자를 위해 살지 못하는 모습이 우리 대부분의 자화상이다. 인간 실존의 핵심 문제가 바로 여기에 있다.

대부분 사람은 약육강식의 논리가 지배하는 세상과 인간관계를 혐오한다. 본능적으로 우리는 강자가 약자를 지켜 주는 것을, 많이 가진 자가 적게 가진 자와 나누는 것을 옳다고 생각한다. 그러나 세상은 우리 생각과는 다르게 움직이고, 그 속에 있는 개인은 그 논리를 따를 수밖에 없다. 대학 진학과 직업 선택에서, 일상의 관계와 재화 사용에서 우리는 강자의 위치에 서기를 원한다. 모두가 갑이 되고 싶지만 갑이 되지 못하고, 대신 갑질에는 다 같이 분노한다. 그러다 자신이 갑이 되면, 쥐꼬리만 한 우위를 이용하기도 한다. 사람들은 대개 남의 갑질에는 분노하면서도 자신의 갑질에는 관대하다. 이래저래 누구나 강자가 되어 남보다 높은 위치에 서려는 세상이 되었다.

자기중심성

약자의 하나님?

ㅣ

그런데 참으로 놀랍게도 성경의 하나님은 자신을 '과부와 고아와 나그네들의 하나님'이라고 한다. 자신을 보호해 줄 남편이 없는 과부나 어머니조차 없는 고아는 고대의 가부장적 사회에서 가장 약한 자들이었다. 또한 부족 중심의 고대사회에서 외지인은 나그네로서 어떤 보호도 받지 못하는 약자였다. 그런데 성경의 하나님은 과부와 고아와 나그네에게 깊은 관심과 애정을 보인다. 이스라엘이 이집트를 탈출하고 난 후에 하나님이 이스라엘 사람들에게 한 말을 보자.

> 너희는 과부나 고아를 괴롭히면 안 된다. 너희가 그들을 괴롭혀서, 그들이 나에게 부르짖으면, 나는 반드시 그들의 부르짖음을 들어 주겠다. 나는 분노를 터뜨려서, 너희를 칼로 죽이겠다. 그렇게 되면, 너희 아내는 과부가 될 것이며, 너희 자식들은 고아가 될 것이다(출애굽기 22:22-24).

하나님은 이어서 이스라엘이 과부나 고아를 괴롭혀 그

들이 부르짖으면, "내가 너희들의 아내를 과부로 만들겠다. 너의 자녀들도 고아로 만들겠다"라고 위협에 가까운 선언을 한다. 하나님이 강자가 되어 약자를 괴롭히는 자들을 심판하겠다는 것이다. 강자의 우위가 당연한 세상에서 성경의 하나님은 세상에서 약한 사람들, 힘이 없어서 자신을 보호할 수 없는 사람들, 그들의 편이라고 말씀하신다. 왜 하나님은 자신을 약자 편이라고 말씀하시는가? 성경을 처음 읽던 어린 시절에는 이 사실을 받아들이기 힘들었다. 세상을 단순하게 볼 때는, 세상의 약자는 노력하지 않고 게을러서 그렇게 되었다고 이해했다. 그러나 세상과 인생을 조금씩 더 이해해 가며, 과부와 고아의 하나님을 이해하게 되었다.

사실 나는 일생 대부분을 비교적 강자의 위치에서 살아왔다. 남자로 태어난 것이 그렇고, 중산층 이상의 가정에서 태어나 좋은 부모 밑에서 좋은 교육을 받고 자란 것이 그렇다. 철이 들고 나서, 내가 성취했다고 생각한 많은 부분이 나의 노력보다는 타고난 조건 때문이라는 사실을 인식하게 되었다. 나와 동시대에 태어난 수많은 젊은이가 나와는 전혀 다른 삶을 살 수밖에 없다는 사실을 발견한 것은 큰 충격이었다. 사람의 노력이 무의미한 것은 아니지만, 인간이 강자와 약자가 되는 것은 후천적 노력보다는 선천적 조건들, 타고난 여건들이 더 큰 영향을 끼친다는 사실을 깨달았다. 또한 약자가 되는 사회·경제적 이유가 개인에게 책임을 돌릴 수 없는, 대개는 불의한 세상과 구조 때문이라는 사실도 알아가기 시작했다. 그제야 하나님이 왜 과부와 고아와 나그네의 하나님, 곧 고대사회에서 누구도 인권을 보호해 주지 않는 사람들의 하나님이라고 하셨는지가 이해되기 시작했다.

고대사회에서 '과부와 고아와 나그네의 하나님'이라면 오늘날도 하나님은 약자들의 하나님이시며, 약자들을 함부로 대하는 자들에게 대신 갚아 주시는 분이심을 알게 되었다. 하나님은 정의의 하나님이다. 하나님은 세상의 주인이시고 모든 사람에게 모든 것을 주신 분이므로, 내가 받은 것을 내 것으로 주장하지 않고 이웃과 세상을 위해 사는 것이 마땅하다. 그래서 하나님은 강자들의 횡포를 결국에는 심판하시며 약자 편을 드시는 것이다. 그러고 보면, 하나님은 이스라엘을 모든 민족 가운데 택하실 때도, 그 조건을 강함에서 찾지 않으시고 오히려 약함에서 찾으셨다.

주님께서 당신들을 사랑하시고 택하신 것은, 당신들이 다른 민족들보다 수가 더 많아서가 아닙니다. 오히려 당신들은 모든 민족 가운데서 수가 가장 적은 민족입니다(신명기 7:7).

이스라엘이 하나님의 택하심을 받을 때, 그들은 세상에서 약한, 어쩌면 가장 별 볼 일 없는 족속, 만물의 찌꺼기 같은 족속이었다. 그대로 놔두었다가는 제국 이집트에 의해 종족살상을 당할 수밖에 없는 민족이었다. 태어나는 아들들이 몰살당하고 있었으니, 한 세대만 지나도 종족 자체가 사라질 처지였다. 하나님은 가장 약한 족속을 택하셨다. 성경의 하나님은 약한 사람들, 피해당하는 사람들, 자기를 보호할 수 없는 사람들의 하나님이다. 약자는 약육강식이 지배하는 세상에서 희생될 수밖에 없다. 하나님은 약육강식의 원인을 잘 알고 계셨다. 인간의 자기중심성이 인간의 가장 큰 문제이며, 이 문제 때문에 세상은 겉모습만 사람 사는 곳이지 본모습은 야수가 들끓는 정글과 다름없는 곳이었다.

자기중심성

인간이 자기중심적인 이유

|

약자의 하나님이 되시는 하나님은 당연히 약육강식을 싫어한다. 우리도 약육강식의 세상 논리를 본능적으로 싫어한다. 그런데 인류 문명이 약육강식의 원천인 자기중심성을 수천 년이 지나도록 해결하지 못하는 이유는 무엇일까? 물론 인간은 자기중심성에서 파생한 문제들을 해결하기 위해 모든 노력을 다해 왔다. 이런 노력과 수고와 애씀이 인류 문명의 긍정적인 면을 형성한 것이 사실이며, 이는 인류에 대해 찬탄할 만한 부분이다. 그러나 이러한 업적에도 불구하고, 인간의 자기중심성에서 비롯한 약육강식과 이로 인한 고통과 슬픔은 세월이 흘러도 여전하다. 인간이 지닌 자기중심성의 근본 원인은 무엇인가? 성경은 세상을 창조하신 하나님을 인간이 떠났기 때문이라고 설명한다. 성경의 하나님은 천지 만물을 창조하셨고, 그 속에 인간을 창조하셨으며, 인간에게 모든 것을 주신 분이다. 온 우주와 온 인간의 주인은 하나님이시다. 그런데 인간은 우주와 자기 인생의 중심에서 하나님을 몰아내 버리고, 그 중심에 자신을 놓았다. 하나님 중심의 세상을 인간의 자기중심적 세상으로 바꾸어 놓았다는 것이 성경의 설명이다.

더 자세한 설명을 위해서는 하나님의 원래 창조 계획부터 살펴보아야 한다. 원래 하나님이 의도하신 창조의 원리를 인간이 무시하는 바람에 인간이 자기중심적이 될 수밖에 없었다고 성경은 설명한다. 창세기 1장 26-27절을 보면, 하나님은 모든 피조물을 창조하시고, 마지막에 창조의 꽃이라 할 수 있는 인간을 창조하셨다.

> 하나님이 말씀하시기를 "우리가 우리의 형상을 따라서, 우리의 모양대로 사람을 만들자. 그리고 그가, 바다의 고기와 공중의 새와 땅 위에 사는 온갖 들짐승과 땅 위를 기어 다니는 모든 길짐승을 다스리게 하자" 하시고(창세기 1:26).

하나님이 인간을 어떻게 창조하셨는지는 인간의 인지 능력으로는 이해할 수 없는 신비 중의 신비지만, 이 성경 구절은 하나님이 인간을 창조할 때 매우 중요한 방식을 따랐다고 알려 준다. 하나님의 형상을 따라서 인간을 만드셨다는 것이다. 하나님의 형상으로 인간을 창조하셨다는 것에는 세 가지 정도 중요한 의미가 있다.

무엇보다 인간은 하나님의 피조물이고, 하나님이 피조

세계 전체의 주인이라는 것이다. 인간은 스스로 존재하는 존재도 아니고, 우연히 존재하는 존재도 아니다. 하나님이 인간을 창조하셨으므로, 인간은 본래 하나님의 소유이다. 두 번째로 인간은 다른 동물과 달리 인격적 존재로 창조되었다. 인격성의 가장 중요한 요소는 지정의(知情意)를 넘어선 다는 것이다. 동물도 정도 차이는 있으나 지정의가 있다. 인간이 창조한 인공지능(AI)도 지적 능력에서는 인간을 넘어서고 있고, 그 능력이 어디까지 확장될지 모른다. 하나님의 형상이란 지정의를 바탕으로 하나님과 소통할 수 있다는 뜻이다. 하나님과 소통한 만큼 하나님을 이해할 수 있다는 것이다. 하나님의 뜻을 이해하고 반응할 수 있으며, 그 뜻을 따를 수도 거절할 수도 있는 존재라는 것이다. 세 번째로 하나님은 하나님의 형상으로 지어진 인간에게 하나님 대신에 피조 세계 전체를 관리하도록 위임하셨다. 하나님이 모든 것의 주인임을 인간이 인정하고, 하나님을 알아가면서 하나님을 최고의 권위로 인정할 때, 하나님으로부터 지혜와 사랑과 능력을 부여받는다. 하나님의 형상을 지닌 인간은 하나님의 권위 아래에서 하나님과 인격적 관계를 맺으면서 자신의 삶뿐만 아니라 온 세상을 경영할 수 있도록 창조되었다.

이 놀라운 사실에 감격해 한 시인은 이렇게 노래한다.

> 사람이 무엇이기에
> 주님께서 이렇게까지 생각하여 주시며,
> 사람의 아들이 무엇이기에
> 주님께서 이렇게까지 돌보아 주십니까?
> 주님께서는 그를 하나님보다 조금 못하게 하시고,
> 그에게 존귀하고 영화로운 왕관을 씌워 주셨습니다.
> 주님께서 손수 지으신 만물을 다스리게 하시고,
> 모든 것을 그의 발아래에 두셨습니다
>
> (시편 8:4-6).

이 시인은 창조 세계 속 인간의 독특한 위치를 잘 알고 있다. 인간은 하나님보다 조금 못하지만 존귀하고 영화로운 존재로서, 하나님이 씌워 주신 왕관을 쓴 존재이다. 주님께서 손수 지으신 만물을 다스리는 왕의 이미지가 인간의 이미지이다. 이 왕권은 하나님이 인간에게 주신 것이다. 인간이 왕은 아니지만, 우주의 왕이신 하나님이 하나님의 형상, 곧 그 왕관을 씌워 주셨다. 인간이 왕권을 주신 하나님을 진심으로 인정하고 하나님에게 지혜와 사랑과 능력

자기중심성

을 부여받을 때, 인간은 자신의 삶을 잘 경영할 수 있을 뿐만 아니라 피조 세계 전체도 잘 경영할 수 있다. 시인은 하나님의 창조로 이루어진 그 모든 일에 감격하고 있다.

인간의 두 가지 잘못
|

인간은 하나님의 왕권을 부여받아 하나님을 대신해 세상을 다스리도록 지음을 받았다. 그런데, 인간은 하나님을 하나님으로 여기지 않고 스스로가 주인이 되어 살아간다. 인격적 존재로 창조된 인간은 인생의 모든 문제를 자신의 지식과 의지를 통해 결정하고 자신이 원하는 방식대로 살아가려고 한다. 인간이 스스로 중심이 되려는 강력한 경향성을 갖는 이유는 그 자리에 계셔야 할 하나님을 제거해 버렸기 때문이다. 예레미야 선지자는 이를 아주 명확하게, 그림처럼 그릴 수 있도록 다음과 같이 표현했다.

> 참으로 나의 백성이 두 가지 악을 저질렀다. 하나는, 생수의 근원인 나를 버린 것이고, 또 하나는, 전혀 물이 고이지 않는, 물이 새는 웅덩이를 파서, 그것을 샘으로 삼은 것이다(예레미야 2:13).

인간이 저지른 잘못이 두 가지 있는데, 그중 하나는 생명의 근원인 하나님을 버린 것이다. 인간은 하나님에 의해 창조되었고 하나님에 의해 생명이 유지되는 존재인데, 인간을 살리는 하나님을 인간이 버린 것이다. 물이 귀한 팔레스타인 지역에서 생수의 근원을 버렸다는 것은 죽음을 자초하는 일이다. 인간은 이런 의미에서 죽어가고 있다. 화병에 꽂혀 있는 화초는 아무리 아름다워도 뿌리가 끊겼으므로 잠깐만 살아 있을 뿐, 얼마 지나지 않아 시들기 시작한다. 죽어가는 것이다. 생수의 근원인 하나님을 버린 인간이 이와 똑같다. 인간은 스스로 존재하지도 않았고, 하나님에게 생수의 근원을 두고 살아가게끔 만들어졌다. 이런 인간이 하나님을 제거해 버리고 자기 스스로 주인이 되어 살아간다는 것은 사실은 죽어 가고 있는 것이다.

인간의 두 번째 잘못은 물 없이 살 수 없는 자신을 위해 하나님을 대신할 다른 웅덩이를 파는 것이다. 불행하게도 이 웅덩이는 물이 새는 웅덩이이다. 인간은 무엇이든지 자기 마음을 위로하고 자기 마음을 잡아줄 수 있는 어떤 존재가 필요하다. 인간은 '유사 신'이 필요하다. 어떤 사람은 돈으로 가능하다고 생각해 돈을 인생의 중심에 놓는다. 사람이 있으면 가능하다고 생각해 배우자나 자녀를 중심에

자기중심성

둔다. 명예, 성공, 권력, 쾌락 같은 것들을 가지면 행복해질 수 있다고 생각해 인간은 깨진 웅덩이를 파고 또 판다. 그런 것들을 통해서라도 자신의 존재 의의와 살 힘을 찾고 싶은 것이다. 그러나 깨진 웅덩이는 사람에게 절대 생명을 가져다주지 못한다.

길을 잃은 인간

사람들은 인생이 무엇인지, 어떻게 인생을 살아야 할지 잘 모른다. 주변 사람들에게 "너 왜 사니?", "사는 목적이 뭐야?"라고 질문하면, "요즘 인생 살기가 편한가 보다"라는 답이 돌아온다. "먹고 살기 팍팍해 죽겠는데, 철학자 나셨네"라는 반응이 따라오지 않으면 다행이다. 그러나 인간은 본질적으로 내가 왜 사는지, 어떻게 살아야 하는지를 질문하는 존재이다. 한국 사회도 먹고사는 생존 문제가 해결되고 나니 인문학에 관한 관심이 커졌다. 인문학의 주 관심사는 "인간은 무엇인가, 왜 사는가, 어떻게 사는 것이 잘 사는 것인가, 사랑은 무엇인가, 죽음은 무엇인가, 정의란 무엇이고 아름다움은 무엇인가" 같은 본질적 질문이다. 모든 본질적 질문은 인간을 존재하게 하신 하나님과 연관될 때 그 의미가 선명해진다. 하나님을 제거하고 이러한 질문에 답을 찾으려 할 때, 사람들은 길을 잃는다.

인간에게 가장 소중한 사랑을 살펴보자. 사람들은 모두 사랑을 찾지만, 자신을 건강하게 사랑하는 일조차 쉽지 않다. 자신을 건강하게 사랑하지 못하니, 주변 사람을 어떻게 사랑할지, 또 무슨 힘으로 사랑해야 할지 모른다. 모두가 사랑을 노래하지만, 구체적인 상황에서 어떻게 사랑해야 할지 몰라 혼란스러워한다. 적지 않은 사람들은 사랑은커녕 자신을 위해 다른 사람들을 이용하기에 급급하다. 적어도 다른 사람에게 피해받지 않는 방법에 관해서는 박사학위 급이다. 그러나 다른 사람을 사랑하는 일에는 거의 문맹 수준이다. 사랑할 줄 모르는 사람들이 모여서 사랑을 받기 원하기 때문에 사랑만 하면 상처가 남는다. 가요계가 그래서 살아남는지도 모른다. 많은 노래가 사랑의 기쁨과 실패를 노래한다. 사랑의 기쁨과 환희를 추구하면서 노래하고, 그것에 실패하고 나면 다시 또 노래한다. 사랑을 아무리 추구해도 자신을 사랑할 줄 모르는 사람은 다른 사람을 제대로 사랑할 수 없다. 사랑의 근원이시며 사랑할 힘과 지혜를 주시는 하나님을 잃고 난 다음, 타인에게서 그런 불가능한 사랑을 찾으니, 자신도 사랑하기가 힘들고 결

자기중심성

국에는 다른 사람도 사랑하기가 힘들어진다. 자신을 진정으로 사랑하시는 하나님을 제거해 버렸기 때문에, 사람들은 사랑에서도 길을 잃었다.

우리가 사는 사회를 보면, 자신의 이익을 보호받으려는 집단 간의 갈등이 끊임없이 일어난다. 물론 집단 간의 갈등이 일어나는 중에도 각 집단 안에서 자기 이익을 보호하려는 더 작은 갈등 역시 첨예하게 일어난다. 국가 간 갈등도 마찬가지이다. 인간의 중심에서 절대적 존재가 사라지고 나니, 절대적 왕이 되기 원하는 유사 왕들이 모두 나와 세력 다툼을 하는 형국이다. 이러한 상황이니 사고를 당하거나 어려움을 당한 자들의 억울한 사정을 돌아보는 일에는 인색하다. 세월호 사건이 일어난 후, 세월호 사건만큼이나 사람들 반응에 놀랐다. 국가적 재앙이라고 할 수 있는 대형 사고가 일어나 수많은 사람이 생명을 잃어도, 그저 일어날 수 있는 사고이니 보상금으로 처리하면 된다는 사람이 적지 않았다. 자신의 가족이 죽임을 당했다면, 그 누구도 보상금으로 얼마를 받았으니 사고 원인은 몰라도 된다고 하지 않았을 것이다. 그러나 수많은 사람이 보상금을 퍼 주느라 국고를 낭비한다고, 원인 규명하느라 경제가 발전하지 못한다고 푸념했다. 정의가 행해지기보다는 우리가, 솔직히 내가 먹고사는 일이 더 중요한 것이다. 이런 모습을 만날 때마다 우리 사회도 길을 잃은 것은 아닌지 염려가 앞선다.

길을 잃은 사회 속에서 만나는 가장 큰 부끄러움은 하나님을 주인이라고 고백하는 교회도 가끔 이 행렬에 참여한다는 것이다. 교회 안에 갈등이 있을 수는 있지만, 그 갈등을 풀어 평화를 이루는 이야기는 자주 들리지 않고, 오히려 그 갈등으로 인해 분열하고 세력 다툼을 한다는 이야기들이 심심찮게 들려온다. 말로만 하나님이 주인일 뿐, 교회 안에 여러 유사 왕들이 존재하는 것 같다. 부끄러운 일이다. 교회 밖 여러 문제에 관해서도 같은 모습을 보인다. 약자의 하나님을 믿는 그리스도인이라면, 세상의 약자와 소수자의 주장에 동의하지 않더라도 그들의 이야기를 들어주고 사회구성원으로서 그들이 갖는 권리를 지켜 주는 것이 마땅하다. 그런데 하나님의 이름으로 그들을 판단하고 정죄하며, 사회 갈등을 부추기는 일이 적지 않다. 하나님을 믿는다고 이야기하는 것과 하나님을 왕으로 믿고 진정으로 따르는 것은 다르다. 깨진 웅덩이를 의지하는 교회가 길을 잃는 것은 피할 수 없는 참담한 결과이다.

한 걸음 더 나아가 생각해 보면, 우리가 몸담은 자연에

자기중심성

도 유사 왕이 된 인간의 갑질이 끊이지 않는다. 우선 내가 편하고 잘 살고 보자는 심보로, 자연 파괴에 개인도 기업도 나라도 신경을 쓰지 않는다. 인류가 공멸할 위기에 처했다는 사실을 알아도 자신이 살아 있는 동안은 재앙이 닥칠 것이라 생각하지 않는다. 자연을 가장 많이 훼손하는 나라가 생태계 보호에는 가장 관심을 기울이지 않는다. 그런 나라와 자연 파괴를 염려하는 이들도 겨울에는 반소매 옷을 입을 만큼 따뜻하게 살고, 여름에는 에어컨을 켜 놓은 채 이불을 덮고 잔다. 편리한 삶을 위한 과도한 에너지 사용이 온실가스를 증가시키고, 이런저런 자연재해를 일으킨다는 지식은 나의 작은 편의 앞에서 무용지물이 된다. 사실 우리가 누리는 자연은 우리만이 아니라 다가오는 수많은 세대가 함께 써야 하는 공공재이다. 다음 세대도 잘 살 수 있는 세상을 물려주어야 하고, 어떤 면에서 그들의 것을 빌려 쓰다가 돌려주는 것인데, 우리 당대에 회복되기 힘들 지경으로 생태계를 파괴하고 있다. 사회와 생태계 속에서도 인간은 길을 잃어버렸다.

정직하게 직면하는 용기

|

성경의 하나님은 우리가 삶을 직면하기 전까지는 하나님을 믿을 수도 따를 수도 없다고 선언한다. 하나님을 믿어 마음에 위로를 받고 복을 받기를 원하는 것이 대다수 사람의 인지상정이나, 성경의 하나님은 신경안정제가 되실 수 없는 분이다. 하나님은 세상을 만드신, 우리 머리로는 감히 이해도 상상도 할 수 없는 분이다. 그분이 우리에게 왕관을 씌워 주시며 당신을 대신해서 세상을 다스리라고 부탁하셨다. 그러나 인간은 그 생명의 근원을 버렸다. 그리고 자신이 유사 왕이 되어 스스로 길을 잃고, 자신의 삶, 주변 사람들의 삶, 우리가 사는 사회와 문화, 나아가 생태계에까지 무슨 잘못을 저지르는지도 모른 채, 깨어진 세상의 일부가 되어 살아가고 있다.

이 책을 읽고 있는 당신은 어떠한가. 우리 인류가 그동안 애써 이룬 많은 업적을 이야기하고 싶을지 모른다. 우리 자신이 열심히, 성실히, 바르게 살려고 애쓴 부분으로 항변하고 싶을지 모른다. 그렇다. 인류 문명의 업적과 우리 자신의 노력을 무시할 수 없다. 그러나 우리 인류와 우리 개개인이 가야 할 길을 가고 있다고 말할 수 있을까? 방향

자기중심성

을 잘못 잡으면 열심히 달려가는 것이 더 위험하다는 사실을 우리는 알고 있다. 우리가 방향을 잃은 것은 아닌가? 길을 잃은 것은 아닌가? 하나님이 세상을 창조하셨고, 인간에게 하나님을 대신해 그 세상을 경영하라고 하셨다. 그런데 그 하나님과의 관계를 잃어버렸다면, 우리는 실인즉 모든 것을 잃은 것이나 다름없다.

내 개인의 삶이 돌파구를 찾고 싶다면, 길을 잃은 인류 문명이 길을 찾고 싶다면, 깨진 웅덩이, 물이 새서 결코 나와 인류를 생존하게 할 수 없는 깨진 웅덩이를 직면해야 한다. 그 웅덩이가 아직도 나와 우리를 살릴 수 있다고 믿으면서 동시에 하나님을 믿는다면, 그런 신은 지친 세상살이를 위로해 주는 신경안정제 이상이 될 수 없다. 우리를 향한 하나님의 첫 번째 도전은 우리가 사는 세상과 나 자신을 정직하게 직면하라는 요청이다. 우리가 사는 세상과 내 실존을 정직하게 직면하지 않으면, 하나님에 관한 이야기는 기껏해야 동화나 신화가 되어 버린다. 우리가 사는 세상과 그 속의 내 인생, 내 실존을 정직하게 직면할 때라야, 우리는 이러한 세상과 그 안에 있는 나를 위한 하나님의 대안이 무엇인지에 귀 기울일 수 있다.

1. 세상에 한숨과 눈물이 가득한 이유가 우리의 '자기중심성' 때문이라는 설명에 동의하는가, 아니면 동의하기 어려운가? 그 이유를 말해 보자.

2. 하나님께서 세상을 창조하셨을 때, 인간을 특별한 존재로 창조하셨다. 인간이 인간 됨을 유지하며 성숙할 수 있는 한 가지 조건은 무엇인가?

3. 당신은 인생의 지혜와 사랑과 능력을 어디에서 얻는가? 그것이 당신이 의지하는 '웅덩이'일 텐데, 그것으로 인생을 살아나가기에 괜찮은가, 아니면 어떤 문제를 느끼는가? 그 이유는 무엇인가?

3

회복의 길

하나님을 부인하고 하나님을 자신의 인생과 세상에서 제거해 버린 탓에 인간은 끊임없이 절대적 진리나 구원, 깨달음을 찾는다. 근원적 문제를 해결하려는 인간의 수고는 어느 시대나 어느 문화에나 있었다. 하지만 인간의 간절한 노력에는 한계가 있다. 그렇다면 하나님은 어떤 마음일까? 자신의 사랑과 호의를 거절하고 배신한 인간이 고통과 슬픔에 짓눌릴 때, 인과응보라 여기며 무심히 바라보고 계실까?

하나님은 인간을 창조하셔서 하나님과 방불한 위치에 두
시고, 하나님과의 인격적 관계 속에서 인간 자신의 삶과
세상을 경영하게 하셨다. 그런데 인간은 이런 하나님을 자
신의 삶과 세상에서 거절했다. 결국 인간은 하나님이 아닌
유사 신을 찾아다니게 되었고, '깨진 웅덩이'는 인간에게
실망만을 안겨 주었다. 인류와 우리 개인의 문제는 하나님
과의 관계 단절이다. 이런 상황에서 어떻게 하나님과 인간
이 관계를 회복할 수 있을까? 인간은 인간대로 신이나 구
원, 또는 절대적인 진리나 깨달음에 이르기 위해 애를 써
왔다. 성경의 하나님 역시 근본적인 이 문제를 해결하기
원하신다. 하나님과 인간의 관계 회복에서 가장 중요한 원

회복의 길

리는 무엇일까?

재회의 감격

1983년 6월 30일 밤, 한반도 남쪽은 눈물바다가 되었다. 한국전쟁으로 흩어져 생사도 모른 채 살아가는 이산가족들을 한반도 남쪽에서만이라도 만나게 하자는 취지로 공영 방송이 〈이산가족을 찾습니다〉라는 생방송을 진행했기 때문이다. 그해 11월 14일까지 138일, 총 453시간 45분 동안 세계 최장기간 연속 생방송 기록을 세우며, 생사조차 몰랐던 이산가족들의 상봉 이야기를 만들어 냈다. 잃어버린 가족을 찾으려는 애끓는 이야기들과 극적으로 상봉하는 모습이 지상파방송을 통해 전국에 생중계되었고, 사람들은 퉁퉁 부어오른 눈으로 아침을 맞고는 했다.

렘브란트 그림 중에서 많은 이들이 기억하는 〈탕자의 귀향〉은 이런 감격을 깊은 터치로 그려 낸다. 어떤 사람은 이 그림을 종일 보았다고 한다. 아버지를 등졌던 아들이 집에 돌아와 아버지를 부둥켜안고 있는 모습을 보면, 우리는 말로 설명할 수 없는 사연을 떠올리며 이별의 고통과 해후의 기쁨을 경험한다. 사랑하는 사람을 잃는 것, 그보다 더 큰 고통은 세상에 없다. 그리고 잃었던 그 사람을 다시 찾는 기쁨보다 더 큰 감격은 없다.

사랑하는 사람들의 모든 재회는 간절하고 또한 아름답다. 세상의 재회 중에서 가장 간절한 재회가 있다면 그것은 인간을 자신의 형상으로 창조하신 하나님과 인간의 재회가 아닐까? 실인즉 인간이 길을 잃은 것은 인간에게 생명을 줄 수 있는 유일한 존재인 하나님을 자신의 인생과 우주의 중심에서 제거해 버렸기 때문이다. 생명의 근원을 상실한 채 자신이 주인이 되어 자기 힘으로 자신을 보호하고 자기 이익을 지키며 살아가야 하는 세상은 약육강식의 논리를 벗어날 수 없고, 그 결과 세상은 약자의 고통과 눈물로 가득할 뿐이다. 근원적 문제는 근본적인 방법으로만 해결할 수 있다. 이런 면에서 인간과 하나님의 재회는 정말 간절하다.

인간의 다양한 노력
|

인간은 하나님을 부인하고 자신의 삶과 세상에서 제거해 버렸기에, 하나님과의 재회라고 표현하지는 않지만, 끊임없이 절대적 진리나 구원 또는 깨달음을 찾았다. 인간의

회복의 길

근원적 문제를 해결하기 위한 인간의 다양한 노력은 어느 시대, 어느 문화에나 있었다.

대부분 사람은 양심에 따라 착하게 살면서 선행을 베풀면 된다고 생각한다. 부모들이 아이들에게 인생에 관해 해주는 말이 있다. "다른 사람 해코지하지 말고 살아라, 착하게 살아라." 이런 삶의 방식이 사람 심성에 맞는다고 생각했기 때문일 것이다. 세상이 많이 바뀌어서 요즘 부모들은 "절대로 지면 안 된다, 반드시 이겨야 한다. 다른 사람들이 너를 때리면 너도 꼭 갚아 주어야 한다"라고 말한다. 요즘은 이것도 모자라서, "남이 때리기 전에 한 대 먼저 때려야 한다"라고 가르치기도 한단다. 세상이 많이 바뀐 것 같지만, 그래도 대다수 인간은 근본적으로 양심에 따라 착하게 사는 것이 바르다고 생각한다.

어떤 사람들은 인간의 본질적 질문을 탐구하고 연구한다. 인류 문명은 "왜 사는가, 어떻게 사는가, 아름다움은 무엇인가, 정의는 무엇인가, 죽음은 무엇인가, 죽음 이후에는 어떤 일이 벌어지는가"와 같은 근원적 질문에 대한 각 시대의 답변이다. 요즘 인문학 열풍이 일어나는 것은 경제적 풍요만으로는 인간의 근원적 갈증이 해소되지 않기 때문일 것이다. 개인적으로는 인간이 만들어 낸, 근원적 설명을 해 주는 여러 대안 중에서 불교가 가장 매력적으로 다가온다. 고통으로 가득한 세상, 집착을 멸하여 깨달음의 경지에 이르려는 용맹정진의 모습에서 인간의 근원적 문제를 해결하려는 간절함과 진실함을 발견한다. 이토록 간절하게 인간은 근원적 질문에 대한 답을 찾아 왔다.

어떤 사람들은 우리의 근원적 문제를 해결하기 위해 기도도 하고 다양한 종교 행위도 한다. 모든 문화권에 걸쳐, 아주 작은 부족에 이르기까지 다양한 신을 섬기는 이유는 인간의 한계를 절감하고 자신을 보호해 줄 절대적 존재를 찾고 싶어서일 것이다. 아마도 그런 존재가 있을 것으로 생각하고, 신에게 제사하고 기도하고 예배드린다. 지성을 다하고 신심으로 신에게 나아가면, 신이 인간에게 반응할 것이라고 믿는다. 한국에서는 매년 가을 한 주간에 종교적 열기가 최고조에 달한다. 동네 어귀의 느티나무, 큰 바위, 사찰, 교회, 성당 등 다양한 종교적 공간에 수능 성공을 기원하는 부모들의 치성이 가득 찬다. 인간의 본성 깊은 곳에는 '지성이면 감천'이라는 믿음이 있다.

양심과 선행

|

착한 마음을 품고 양심에 따라 살면서 착한 일을 많이 하는 삶이 그렇지 않은 삶보다 훨씬 낫다. 인간 내면에 이런 선한 부분이 있다는 사실에 안도하기도 하고 자랑스럽기도 하다. 인간이 이런 선함을 추구하지만, 선이란 자신이 넉넉할 때 나타나는 경향이 있고, 실제로 우리 주변을 살펴보면 인간은 그리 착하지 않다. 예레미야 선지자는 인간의 속성을 갈파하고 다음과 같이 적었다.

> 만물보다 더 거짓되고 아주 썩은 것은 사람의 마음이니, 누가 그 속을 알 수 있습니까?(예레미야 17:9)

인간의 마음이 세상 다른 모든 피조물과 비교할 때, 가장 거짓되고 부패했다고 선지자는 고발한다. 인간 마음의 부패성을 설명하는 것은 그리 어려운 일이 아니다. 예수께서 "오른손이 한 일을 왼손이 모르게 하라"고 말씀하신 이유는, 우리는 본성상 오른손이 좀 선한 일을 하면 왼쪽 새끼발가락에까지 알리고 싶어 하기 때문이다. 선한 일을 하면서 그것 자체로 만족하기보다는 대부분 사람은 누가 알아주기를 바란다. 그래서 이름 없이 조용히 선한 일을 하는 사람들이 존경받는다. 모두가 그랬으면 좋겠건만 일반적인 사람들은 그렇지 않다.

나는 귀신을 별로 무서워하지 않는다. 그러나 내가 무서워하는 귀신이 하나 있다. 가정이나 교회에서 그 귀신을 자주 본다. 그 귀신 이름은 '섭섭 귀신'이다. 대부분 사람은 가정에서든 교회에서든 뭔가 열심히 했는데, 그것도 본성에 맞지 않게 희생하면서 했는데, 다른 사람이 알아주지 않으면 매우 섭섭해한다. 심할 때는 알아주지 않는다고 하던 일을 그만둬 버리기도 한다. 사람들이 알아주든 말든 선한 일을 다른 사람들을 위해, 하나님 앞에서 하면 좋을 텐데, 그게 쉽지가 않다.

'섭섭 귀신'은 인간의 양심과 선행에 관한 애교스러운 예일 뿐이다. 인간의 내면은 너무 복잡하고 다양한 이해가 충돌하기에, 양심에 따라 선을 행하는 일이 어려울 때가 한두 번이 아니다. 너무나 연약한 인간의 양심과 선행은 여건과 환경이 좋을 때는 대부분 잘 작동한다. 하지만 자신의 이익에 반할 때나 선을 위해 고통을 받아야 할 때면 양심은 쉽게 무너진다. 무엇이 선한지도 알고 나중에 후회할지도 알면서 명백한 선을 좇지 못한다. 거기에 한술 더

회복의 길

떠서 스스로 면죄부를 주면서 합리화하기도 한다. 이렇게 부실한 양심과 선행에 의지해 의미 있는 삶을 산다는 것은, 더 나아가 절대적 진리나 잃어버린 신을 찾는다는 것은 불가능해 보인다.

탐구와 연구
|

우리가 근원적 문제를 탐구하고 연구하는 것도 궁극적 답을 찾고 싶기 때문이다. 먹고사는 생존 문제가 해결되었을 때, 또는 감당하기 어려울 정도로 큰 고통을 경험할 때, 인간은 본질적인 질문을 해 왔다. 이러한 질문을 놓고 인류가 고민한 흔적과 그로 말미암은 지혜가 문명사 곳곳에 남아 있다. 그래서 사람들은 과거의 다양한 인문학적 유산으로 돌아가 오늘의 질문에 대한 답을 찾으려 애를 쓴다. 하지만 이러한 지식은 지난 시대의 고민을 축적한 것이라서, 소중하기는 하나 그 시대의 문제를 해결하지 못한 한계 또한 고스란히 지니고 있다. 인류 문명을 형성했으나 근원적 문제에 답을 주지 못했던 지식과 지혜인 만큼, 오늘날 우리가 던지는 근원적 질문에 어느 정도의 통찰력은 몰라도 명쾌한 답을 주지는 못한다. 그저 인생과 세상을 바라보는

지혜와 통찰력을 얻는 정도로 만족해야 하지 않을까?

앞 장에서 살펴보았던 지혜자는 고대사회에서 깊은 학식과 지혜를 추구했고, 그것을 소유했던 사람이었다. 그의 고백을 들어 보자.

> 나는 장담하였다. "나는 지혜를 많이 쌓았다. 이전에 예루살렘에서 다스리던 어느 누구도, 지혜에 있어서는 나를 뛰어넘지 못할 것이다. 지혜와 지식을 쌓는 일에서, 나보다 더 많은 경험을 한 사람은 없다." 나는 또 무엇이 슬기롭고 똑똑한 것인지, 무엇이 얼빠지고 어리석은 것인지를 구별하려고 심혈을 기울였다. 그러나 그처럼 알려고 하는 그것 또한 바람을 잡으려는 것과 같은 일임을 알게 되었다. 지혜가 많으면 번뇌도 많고, 아는 것이 많으면 걱정도 많더라(전도서 1:16-18).

지혜자는 이러한 모든 궁구가 결국 바람을 잡으려는 것과 같다고 고백한다. 오히려 지혜가 많아지면 번뇌가 많아지고 아는 것이 많으면 걱정도 커진다고 말한다. 사실 이 모습은 오늘날 많은 지식인에게서도 나타난다. 공부하고

회복의 길

연구하고 지식을 쌓지만, 우리 사회와 인간이 가야 할 길을 보여 주기는커녕 자신이 살아야 할 삶의 방향도 잘 잡지 못한다. 사회현상이나 자신의 전문 분야에 관해서는 누구보다 잘 분석하고 논증하지만, 지식과 삶이 따로인 경우가 적지 않다.

지식인은 어느 사회에서든 감당해야 할 역할이 있다. 그들은 적어도 자기 전문 분야에 관해서는 깊은 지식을 보유하고 있으며, 그 지식을 중심으로 다른 영역들을 통합하여 세상을 해석하고 비판해 대안을 제공해야 한다. 그러나 역사 속 지식인들은 적지 않은 경우 비겁했다. 결정적 순간에 나서지 않는다. 차라리 공부가 부족한 사람들이 용감하다. 지식인들은 자신이 가진 지식 때문에 번뇌도 많고 걱정도 많다. 과거뿐 아니라 현재도 자신의 탐구와 연구로 세상을 이롭게 하기보다는 자신을 이롭게 하고, 세상의 정의를 세우기보다는 곡학아세하는 경우가 비일비재하다. 인간의 연구와 탐구로 과연 근원적 문제를 해결할 수 있겠는가?

기도와 종교 행위

|

인간이 근원적 문제를 해결하기 위해 매진하는 가장 대표적이고 적나라한 방법은 기도와 종교 행위이다. 신을 상정하고 그 신을 향해 제사와 기도와 예배 등의 행위를 하면서, 신에게 자신을 알리고 자신의 소원도 이루려는 종교는 범인류적으로 나타난다. 많은 사람은 기독교도 같은 맥락에서 이해한다. 그런데 성경의 하나님은 선지자를 통해 매우 이상한 말씀을 한다.

> 내가 바라는 것은 변함없는 사랑이지, 제사가 아니다. 불살라 바치는 제사보다는 너희가 나 하나님을 알기를 더 바란다(호세아 6:6).

> 하나님 아버지께서 보시기에 깨끗하고 흠이 없는 경건은, 고난을 겪고 있는 고아들과 과부들을 돌보아주며, 자기를 지켜서 세속에 물들지 않게 하는 것입니다(야고보서 1:27).

성경에 나오는 하나님은 종교적 행위를 별로 좋아하지

않는다. 당시의 전형적 제사였던 번제, 곧 제물을 불살라 드리는 제사보다 더 중요한 것이 있다고 한다. 오히려 그런 제사를 혐오한다고까지 표현한다. 일반적으로는 치성으로 제사를 지내고 종교 행위를 하면 신이 기뻐할 것으로 생각하는데, 성경의 하나님은 그런 행위가 지겹고 역겹고 토할 것 같다고 선언한다. 대신에 "내가 원하는 것은 사랑이다. 변함없는 사랑이다"라면서 "하나님을 알기 바란다"라고 말한다. 곧 성경의 하나님이 원하는 것은 신에게 자신이 원하는 바를 들어주도록 만드는 종교 행위가 아니라, 하나님을 알고 변함없이 사랑하는 것이다.

성경의 하나님은 인간의 종교 행위가 결국은 자신을 위한 것이지, 진정으로 절대적 진리나 선, 또는 신을 위한 것이 아니라고 책망하기도 한다. 많은 종교 행위가 자신과 가정의 복락을 위해 이루어지는 경우가 많다. 인지상정이니 이를 비판할 수는 없지만, 신으로부터 무언가를 간절히 얻어 내기 위해 하는 종교 행위나 기도로는 절대적 진리나 신을 알기 어렵다. 설사 인간의 지성에 감복하여 소원을 성취해 주는 신이 있다 해도 그 막연한 신의 기준을 만족시킬 지성을 바치기란 어려우므로, 이런 신을 통해 삶의 의미를 제공해 줄 진리에 이르기란 힘들다.

종교적 행위로 신을 찾으려는 인간의 다양한 노력에는 한계가 있을 수밖에 없다. 신이 존재한다면, 그 신은 우주보다 커야 할 것이다. 최근 과학 이론에 의하면, 우주는 지금도 팽창하고 있으며 137억 년 전에 만들어졌다고 한다. 우주가 시작된 시점이 있다면 신은 그전에도 존재해야 하고, 또한 지금도 팽창하는 우주를 만들었다면 그 밖에 존재해야 한다. 우주 속에 숨어 있는, 우주보다 작은 신은 이미 절대적 신이 될 수 없기 때문이다. 우리 인식 능력의 한계로 인해 연구와 탐구로는 신을 만나기 힘들다. 신을 내가 원하는 방식으로 움직이게 하려는 종교 행위를 통해서도 살아 있는 참된 신을 찾기란 난망하다. 한계가 있는 우리의 선행과 부패한 양심으로 신을 찾기란 더더욱 어렵다. 인간의 능력 밖에 있는 신을 찾아서 알려고 하는 인간의 노력은 가상하나, 과연 신을 어떻게 찾을 수 있겠는가?

인간보다 더욱 치열하게 찾고 계신 하나님

인간의 간절한 노력에는 한계가 있다. 그렇다면 하나님은 어떤 마음을 가지고 계실까? 하나님을 떠나 자신을 주인 삼고 살아가는 인간과 그 때문에 깨지고 상할 수밖에 없는

회복의 길

세상을 바라보면서, 하나님은 어떤 반응을 보이실까? 자신의 사랑과 호의를 거절하고 자신을 배신한 인간이 겪는 고통을 당연한 인과응보라 여기면서 아픔과 슬픔이 가득한 인간사를 무심하게 바라보실까?

하나님은 하드디스크를 다시 포맷하듯이 깨지고 망가진 세상을 확 뒤집고 다시 시작하지 않는다. 인간은 인격적으로 창조된 존재이기 때문에, 하나님은 인간을 기계적으로 다루지 않으신다. 정치적 강자나 강대국, 또는 모든 이에게 존경받는 철학자나 위대한 가문을 일으켜서 세상을 바꿀 수도 있을 것 같은데 그렇게 하지도 않으셨다. 강대국과 위대한 사람들은 자신에게 주어진 힘으로 약자 편에 서기보다는 오히려 기득권층을 위하기 때문에 하나님은 그들과 일하실 수 없었을 것이다. 또한 하나님은 모든 사람에게 나타나서 각 개인이 특별한 종교적 체험을 하게 하지도 않았다. 하나님이 인간을 조작해서 따르게 하려 했다면, 처음부터 인간을 인격적으로 만들지 않았을 것이다. 설혹 그렇게 하신다고 해도, 제멋대로 해석하는 데 익숙한 우리는 우리 인구수만큼의 종교를 만들어 낼 것이다. 다 자기 멋대로 자신에게 나타난 신이 참된 신이라고 주장할 가능성이 농후하다.

하나님을 떠나서 깨어지고 고통이 가득해진 세상을 치유하기 위해 하나님이 쓰신 방법은 무엇일까? 하나님은 가장 근본적 원인인 하나님과의 관계를 회복하기 위해 사랑하는 관계를 회복하신다. 그래서 하나님께서 택하신 방법은 한 사람을 찾아가 인격적으로 반응할 기회를 주시는 것이었다. 이 사건을 통해 하나님은 완전히 깨어진 세상을 회복하는 일을 시작하셨을 뿐 아니라, 하나님과 인간이 관계를 맺는 인격적 관계의 매우 중요한 원리를 보여 주신다. 이 놀라운 사건이 창세기에 기록되어 있다.

> 주님께서 아브람에게 말씀하셨다. "너는 네가 살고 있는 땅과 네가 난 곳과 너의 아버지의 집을 떠나서 내가 보여 주는 땅으로 가거라. 내가 너로 큰 민족이 되게 하고, 너에게 복을 주어서, 네가 크게 이름을 떨치게 하겠다. 너는 복의 근원이 될 것이다.…땅에 사는 모든 민족이 너로 말미암아 복을 받을 것이다"(창세기 12:1-3).

아브라함은 하나님을 잘 알지 못했다. 하나님에 관해 안다는 것 자체가 불가능하다. 하나님은 너무 크신 분이라서 인간의 지식이나 인지 범위 안에 다 담길 수가 없다. 하나님은 한 사람을 택하시고 그에게 찾아가셔서 말씀하셨다. "내가 너를 통해서 이제 세상을 변화시키는 일을 하려는데, 그러려면 너는 너의 안전지대를 떠나야 한다. 네 아버지 집과 본토를 떠나서 내가 지시하는 곳으로 가라." 다시 말하면, "나만 믿고 따라와라"라고 말씀하셨다. 그러고는 덧붙이기를 그렇게 할 때 "네가 복의 근원이 될 것이다. 너로 인해 모든 민족이 복을 받을 것이다"라고 하신다. 하나님이 아브라함을 택한 것은 한 개인을 위한 것이 아니라 모든 민족, 하나님 없이 깨지고 상하고 망가지고 있는 모든 민족에게 복을 주기 위해서였다. 이런 목적을 알려 주시고, 하나님은 "나를 따라오겠니?"라고 말씀하신다.

이때 아브라함이 보인 반응이 매우 중요하다. 그는 하나님을 다 알지 못했다. 아니, 잘 몰랐다. 그러나 자신을 찾아와 말씀하신 하나님을 신뢰한다. 그리고 그를 따라간다. 나그네 삶을 시작한다. 아브라함의 위대성은 여기에 있다. 하나님에 관해 알게 된 만큼 진실하게 반응한 것이다. 여기에 인간이 하나님과 인격적 관계를 맺는 중요한 원리가 있다. 자신이 깨달은 만큼 진실하게 반응하는 것이다. 아브라함은 하나님에 관해 알게 된 만큼 진실하게 반응하며 하나

님을 따랐고, 그렇게 따라가며 동행한 만큼 하나님을 알아
갔다.

　이렇게 하나님을 믿음으로 나그네 인생을 마다하지 않
았던 그에게는 후사가 없었다. 하나님께서 약속하신 대로
그로부터 민족이 일어나려면 자녀가 있어야 하는데 후사
가 생기지 않았다. 나이는 들어가고 점점 절망하고 체념했
을 것이다. 그때 하나님께서 아브라함에게 다시 말씀하신
다. "아브라함아, 네 자손이 하늘의 별처럼 바닷가의 모래
알처럼 많아질 거야." 이 이야기를 듣고 아브라함은 "아이
고, 그런 말씀 마세요. 이 나이에 무슨 좋은 일이 있겠습니
까? 아들이 없으니 저의 집 종인 엘리에셀이 제 재산을 상
속하겠지요"라고 답한다. 하나님은 "아니다. 내가 너의 자
손을 통해서 실제로 그런 일을 하겠다"라고 말씀하신다.
자신의 몸과 아내의 나이로 볼 때 절대로 일어날 수 없는
일을 하나님께서 하시겠다고 약속하실 때, 아브라함은 그
것을 믿는다. 이 대화를 창세기는 다음과 같이 기록하고
있다.

　　주님께서 아브람을 데리고 바깥으로 나가서 말씀하
　　셨다. "하늘을 쳐다 보아라. 네가 셀 수 있거든, 저 별

　　　　　　　　　　　　　　　　　　회복의 길

들을 세어 보아라." 그리고는 주님께서 아브람에게 말씀하셨다. "너의 자손이 저 별처럼 많아질 것이다." 아브람이 주님을 믿으니, 주님께서는 아브람의 그런 믿음을 의로 여기셨다(창세기 15:5-6).

상식적으로나 합리적으로는 믿기 어려운 약속을 아브라함은 믿기로 한다. 하나님은 이런 그의 믿음을 의로 여기셨다. 의로 여기셨다는 것은 '하나님 앞에서 인정받았다', '하나님 앞에 설 수 있게 되었다', '하나님과의 관계가 바로 섰다'라는 의미이다. 하나님께서 아브라함의 인격적 반응, 곧 그의 믿음을 소중하게 여기셨다. 하나님께서 그 가치를 인정하셨다.

믿음, 하나님과 관계 맺는 방식

성경의 하나님은 우리에게 믿음을 기대한다. 이 믿음은 세상에서 말하는 신심과는 다르다. 일반적으로는 신심은 마음을 다해 지극정성으로 정화수 떠 놓고 빌거나 열심히 백일기도해서, 또는 40일 금식기도를 해서 내 진심이 신에게 알려지면, 신이 마음을 돌이키거나 내가 원하는 소원을 들어준다는 것이다. 대다수 종교는 이런 신심을 중요시한다. 진실하게 신에게 간절히 기도하는 것이니 당연하다. 적지 않은 그리스도인도 종교의 이러한 일반적 특성을 그대로 받아들여서 기독교의 믿음도 이렇다고 생각한다. 일부 목회자조차 믿음을 신심과 비슷하게 설명하면서, 소원하는 바를 큰 믿음으로 믿으면 하나님께서 들어주신다고 가르치기도 한다. 이는 성경에서 가르치는 믿음과는 거리가 멀다.

기독교의 믿음은 신심과는 다르다. 기독교의 믿음은 하나님에 관해 알고 깨달은 만큼 인격적으로 반응하는 것이다. 나의 신심으로 신을 감동시키는 것이 아니라, 내가 깨닫고 안 만큼 신에게 반응하는 것이다. 하나님은 인간의 이러한 진실한 반응을 소중히 여기신다. 다시 한 번 말하지만, 똑같은 믿음이라는 단어를 사용해도 성경에서 가르치는 믿음과 일반적으로 통용되는 믿음은 그 개념이 다르다. 히브리서 11장 6절은 다음과 같이 믿음을 정확하게 정의한다.

믿음이 없이는 하나님을 기쁘게 해 드릴 수 없습니다. 하나님께 나아가는 사람은, 하나님이 계시다는 것

회복의 길

과, 하나님은 자기를 찾는 사람들에게 상을 주시는 분이시라는 것을 믿어야 합니다(히브리서 11:6).

하나님께 나아가는 사람, 곧 하나님을 찾는 사람은 가장 먼저 하나님이 계신다는 사실을 믿어야 한다. 이것은 대전제와 같은 것이다. 그런데 하나님이 우리와 무관한 분이 아니라 하나님을 찾는 사람들에게 상을 주시는 분임을 믿어야 한다. 그렇다면 하나님은 무슨 상을 주실까? 내가 원하는 것, 자동차, 연인, 배우자, 성공, 병의 치유 등일까? "자기를 찾는 자"에게 주시는 가장 큰 상이 무엇이라고 생각하는가? 하나님을 찾는 자, 곧 간절히 찾는 대상이 하나님인 이들에게 주시는 상은 바로 하나님 자신이다. 하나님을 통해 무언가를 이루려는 자들이 아니라, 하나님을 진정으로 찾는 자를 하나님은 만나 주신다. 그가 계실 뿐 아니라, 그를 찾는 자에게 그 자신을 주시는 분임을 믿는 것이 믿음이며, 이러한 믿음이 없이는 하나님을 기쁘시게 할 수 없다. 하나님을 알아 가며, 깨달은 하나님에 전인격으로 반응할 때, 하나님과의 관계는 발전한다. 깨어진 관계를 회복하려면 믿음의 회복이 가장 중요하다. 정말 다행히도 하나님은 우리에게 먼저 다가오셔서 하나님을 알려 주신다. 그러고는 알게 된 내용만큼 우리가 인격적으로 반응하기를 기대하신다. 이것이 믿음이다. 그때야 비로소 하나님과 회복된 관계를 시작하고 또 발전시킬 수 있다.

하나님이 우리에게 기대하는 것

하나님은 세상을 회복하기 원하신다. 깨지고 상하고 고통 많고 슬픔 많은 세상을 내버려 두지 않기로 하셨다. 인간은 하나님 없이 자신이 주인인 양 살아가면서도, 양심과 선행, 연구와 탐구, 기도와 종교 생활을 통해 어렴풋하게나마 궁극적이고 절대적 진리라는 이름으로 하나님을 찾는다. 하나님은 그 모습을 가엽게 여기신다. 사람이 암중모색하며 하나님을 간절히 찾을 때, 깨어진 세상을 바라보고 계신 하나님도 우리 인간을 찾고 계신다. 하나님의 방법은 아브라함에게 하셨듯이 우리를 찾아오셔서 하나님 자신을 보여 주시고, 우리가 그 하나님을 이해하고 깨닫도록 하시는 것이다. 그 다음, 깨달은 만큼 인격적으로 진실하게 반응하기를 기대하신다. 이것이 성경에서 말하는 믿음이다. 하나님이 하시는 일에 진실하게 믿음으로 반응하면, 하나님은 우리를 회복하시고, 회복되어 가는 우리를 통해 세상

회복의 길

을 치유하고 회복하시겠다고 말씀하신다.

하나님이 인간에게 기대하시는 것이 이것이다. 착한 일을 많이 하는 것, 양심대로 사는 것, 인생이 무엇인지 열심히 공부하는 것, 열심히 교회 생활 하는 것, 이런 것을 하나님은 원하시지 않는다. 성경의 하나님은 우리에게 이렇게 말씀하신다. "나를 알아라. 나를 안 만큼 나를 따라라. 나를 알면 나를 사랑하게 될 것이다. 왜냐하면 내가 너희를 사랑하기 때문이다. 너희가 안 만큼 진실하게 내게 반응하는 것이 믿음이고, 이런 믿음을 볼 때 나는 기쁘다." 아브라함을 믿음의 조상이라 부르는 이유가 여기에 있다. 성경이 가르치는 믿음의 전형을 가장 먼저 살아 낸 사람이기 때문이다. 하나님이 원하는 것은 깨어진 세상의 회복이며 모든 사람이 복을 받는 것이지만, 이런 놀라운 회복은 우리 개개인이 하나님에 대해 깨달은 만큼 인격적으로 반응할 때 시작된다. 하나님은 우리가 하나님을 알기를, 안 만큼 반응하기를 간절히 원하신다.

하나님은 우리를 통해 무슨 일을 하시려고 우리를 사랑하시는 것이 아니다. 건강한 부모라면 자기 자녀를 이용해서 무엇을 이루려고 하지 않는다. 자녀를 통해 세상의 인정을 받으려 하거나 노후의 안정을 얻으려 하거나 금전적 유익을 구하려 한다면 건강한 부모라 할 수 없다. 건강한 부모라면 자녀가 세상 속에서 의미 있고 멋지게 살아 주길 기대할 것이다. 한 가지 바람이 더 있다면, 그것은 자녀들이 부모를 사랑하고 존중하면서 인격적 관계를 잘 맺으며 살아가는 것이다. 부모를 무시하고 없는 듯 여기며 부모와 상관없이 자기 혼자 잘 사는 자녀를 보면 그가 아무리 성공했더라도 부모는 슬퍼한다. 하나님도 같으시다. 하나님도 인간과 인격적 관계를 맺기 원하신다. 인격적 관계란 하나님에 대해 안 만큼 진실하게 반응하는 것을 뜻한다. 이것이 믿음이다. 하나님이 인간에게 기대하는 것은 우리가 하나님을 알게 된 만큼 전인격적으로 반응하며 따라가는 것이다. 그래서 믿음이 중요한 것이다.

그러므로 믿음은 명사가 아니다. 한 번 믿으면 끝나는 것이 아니라 믿고 그렇게 따라가는 것이니 믿음은 동사인 셈이다. 사실 하나님을 아는 지식은 많고 적음을 논할 수 없다. 하나님은 너무 큰 분이셔서 하나님을 가장 많이 아는 사람과 가장 조금 아는 사람의 지식의 양은 결국 도토리 키재기에 지나지 않는다. 하나님에 관한 지식의 양이 우리에게는 중요할지 몰라도 하나님은 그보다는 알게 된 지식에 우리가 어떻게 반응하는지에 더 관심을 두신다. 그러므로 자신이 깨달은 만큼 하나님에게 반응하는 것이 무엇보다 중요하다. 그래서 하나님이 우리 믿음을 소중하게 여기시는 것이다. 이 믿음이 있을 때, 하나님과 재회하고 하나님과의 관계가 회복되기 시작한다. 이 믿음은 하나님이 세상을 이끌어 가시는 가장 중요한 원리이며, 동시에 하나님이 세상을 회복해 나가는 일에 우리가 참여할 수 있는 가장 중요한 방법이다.

1. 당신은 하나님과의 인격적 관계를 회복하는 것이 중요하다고 생각하는가, 아니면 다른 더 중요한 것이 있다고 보는가? 그 이유는 무엇인가?

2. 당신은 평상시 신이 당신에게 무엇을 원한다고 생각했는가?

3. 성경의 하나님이 인간에게 원하는 것은 하나님에 관해 알게 된 만큼 믿고 그에 진실하게 반응하는 것이다. 이것이 성경이 가르치는 믿음이라는데, 당신이 지금까지 생각했던 믿음과는 어떻게 다른가?

4

메시아·　·　·

하나님은 세상을 회복하고 모든 사람을 자신에게 돌아오게 하려고 한 사람을 찾는다. 아브라함을 선택하고 그의 자손인 이스라엘을 통해 인류를 구원하겠다는 계획을 제시한다. 하나님은 모든 민족과 나라가 이스라엘이라는 공동체를 보고 자신에게 돌아오기를 바랐다. 하지만 이스라엘의 반복된 반역과 철저한 실패로 계획은 무산되고, 예고되었던 하나님의 개입이 인류 역사 속으로 찾아 온다.

하나님께서 아브라함을 부르신 것은 하나님과 인간이 관계를 회복하고 발전시키는 근본 원리를 보여 주기 위해서였다. 하나님에 관해 알게 된 만큼 진실하게 반응하는 것이 믿음이다. 하나님은, 믿음으로 하나님을 따른 아브라함을 통해 한 민족을 이루시고, 믿음으로 하나님을 따르는 그 민족을 통해 세상 모든 사람이 하나님을 알고 믿고 따르는 일이 일어나기를 기대하셨다. 그런데 이스라엘의 역사는 실패의 연속이었다. 하지만 제자리걸음을 걷거나 오히려 퇴보하기까지 하는 이스라엘을 하나님은 포기하지 않으시고, 깨어진 세상을 심판하고 회복할 계획을 세우신다. 그리고 마침내 인간의 역사에 직접 개입하신다. 이스라

　　　　　　　　　　　　　　　　　메시아

엘뿐 아니라 우리도 인생살이에서 계속 실패하지만, 하나님은 우리와의 관계를 회복하기 위해 우리 삶에 개입하신다. 하나님의 역사적 개입을 다루려면 그에 앞서 이스라엘의 계속된 실패와 그 의미를 살펴봐야 한다.

링반데룽 Ring-Wanderung

|

링반데룽은 산악인에게는 익숙한 단어이다. 야간이나 악천후로 산에서 길을 잃으면 한 방향으로 가고 있다고 생각해도 원을 그리며 계속해서 제자리로 돌아온다. 이것이 링반데룽이다. 그래서 끊임없이 무언가를 시도해도 실패를 반복할 때, '링반데룽 현상'에 빠졌다고 말한다. 어쩌면 이 링반데룽이 인류 역사를 상징하는 단어일지 모른다. 인류 역사를 가만히 들여다보면 확실히 진보하는 것 같지만 여전히 맴돌고 있다는 인상을 버릴 수가 없다. 선이 조금 증대하는 듯 보이지만 악도 같이 증대한다는 느낌을 지울 수 없다. 분명히 진보하고 있지만, 진보와 함께 찾아온 고통스러운 그림자가 짙게 드리우고 있음을 부인할 수 없다.

우리 각 개인의 상황은 어떠한가? 적지 않은 사람들이 링반데룽에 익숙한 인생을 산다. 많은 부부가 더는 발전하지 않는 관계 안에서 체념하며 산다. 애지중지 키워 성년이 된 자식과 부모의 관계도 별반 다를 바 없다. 대다수 사람은 좀 더 나은 삶을 살기 위해 모든 노력을 기울인다. 원하던 바를 40대쯤 얻는 사람도 많지 않지만, 그렇다 해도 마흔이나 쉰 정도가 되면, "인생이 뭐 그렇고 그렇지. 더 나아질 게 있나. 그냥 이렇게 살다 죽을 텐데, 나이는 들어가고 노년은 길어지니 그것이 걱정이다"라고 푸념한다. 불행하게도 "살면 살수록 너무 좋다. 인생 사는 것이, 세월이 가는 것이 참 보람이다"라고 느끼는 사람을 만나기가 쉽지 않다. 오히려 체념과 허무에 빠진 사람이 대부분이다. 사람들은 '링반데룽'에 빠져 있는 것 같다. 그냥 큰 원을 그리며 돌고 돌아 원래 자리로 다시 돌아가는 것이다. 이것이 어떤 면에서 인간의 실존이고, 이 모습이야말로 성경이 보여주는 인간의 역사이며, 인간의 문명 속에서 발견하는 진실이기도 하다.

이스라엘을 향한 하나님의 뜻

기독교의 경전은 구약성경과 신약성경으로 이루어져 있는데, 구약성경을 읽어 보면 인간의 실망스러운 모습이 반복

메시아

해서 나온다. 링반데롱이 따로 없다. 하나님은 이런 세상을 회복하고 모든 인류를 하나님 자신에게 돌아오게 하려고 아브라함을 택하시고, 그의 자손인 이스라엘을 통해 인류를 구원하려는 계획을 세우신다. 아브라함은 믿음으로 하나님을 향해 반응하고 하나님과 동행한다. 아브라함을 통해 이스라엘이라는 민족이 형성되지만, 이스라엘은 이집트에서 노예로 살게 되고 종족살상의 위기를 맞는다. 그야말로 세상에서 가장 보잘것없는 종족이었다. 이런 약자 중의 약자를 하나님은 제국 이집트의 압제에서 구출해 내셨는데, 이들을 구해 낸 궁극적 이유는 이들을 통해 세상을 회복하기 위해서였다. 하나님은 그 뜻을 이스라엘 족속에서 보여 주었고 그들이 믿기를 바라셨다. 그들이 믿음으로 반응하길 바라셨다. 그 대표적인 구절을 보자.

> '너희의 나라는 나를 섬기는 제사장 나라가 되고, 너희는 거룩한 민족이 될 것이다.' 너는 이 말을 이스라엘 자손에게 일러 주어라(출애굽기 19:6).

'제사장'이란 사람들에게 하나님이 어떤 분인지 알려 주고, 하나님께 바른 제사, 곧 살아 있는 예배를 드리도록 이끌어 가는 이들이다. 다시 말해, 사람들이 하나님을 알고 그와 바른 관계를 맺도록 이끄는 역할을 맡은 자가 제사장이다. 그렇다면 '제사장 나라'란 무엇인가? 제사장 나라란 하나님을 먼저 알고 하나님과의 관계를 회복해 인간의 자기중심성을 극복하고 약육강식의 방식을 버린, '과부와 고아와 나그네'를 인간적으로 대우하는 나라이다. 이런 나라는 하나님을 무시하는 나라와는 다를 수밖에 없다. 하나님은 이스라엘이 제사장 나라가 되어 다른 나라들에 하나님을 알리고 그들을 하나님께로 돌이켜 하나님을 예배하게 하는 역할을 하기 바라셨다.

이런 놀라운 계획을 위해 하나님이 택하신 나라가 세상에서 가장 약한 나라였다. 초강대국이 아니라 깨어진 세상에서 약자로 희생되고 있는, 이름도 없는 민족을 택하신 것이다. 하나님은 그들에게 당신 자신을 알려 주신다. 하나님은 모세를 통해 율법을 주시는데, 그 핵심은 인간 존엄성을 어떻게 지킬 수 있는지, 하나님을 알지 못하는 사람들과 어떻게 구별된 삶을 살 수 있는지였다. 즉, 하나님은 "너희는 이러이러한 나를 믿고, 나를 믿지 않는 세상과는 다르게 살아라"라고 말씀하신 것이다. 하나님에 관해 알게 된 만큼 진실하게 반응하는, 곧 하나님을 믿으며 살아가는 사람들과 그들의 공동체를 통해 전 세계를 회복하려는 것이 하나님의 뜻이었다.

보편적 가치를 지향하는 인간의 특성상 이웃과 함께 선하게 살기 원한다. 그렇게 살고 싶어도 살지 못하는 이유는 인간의 자기중심성 때문이다. 하지만 하나님은 하나님을 주인으로 받아들인 아브라함을 통해 이스라엘을 이루시고, 세상의 강자에 의해 멸족 위기에 처한 약한 이스라엘을 다시 택하신다. 그래서 그들은 하나님만이 왕이 되시는 새로운 공동체가 되었다. 하나님은 당신의 공동체를 보고 세상 모든 민족이 "저것이 사람 사는 모습이다"라고 인격적으로 반응하며 돌아오기를 바라셨다. 하나님은 이스라엘 사람에게 이런 놀라운 역할을 기대하셨다. 제사장 나라! 모든 민족과 나라들이 이스라엘이라는 공동체를 보고 하나님께 돌아오는, 그 길을 열어 주는 고귀한 역할을 하는 나라가 되기를 바라셨다.

이스라엘, 반역의 링반데룽

이스라엘을 제사장 나라로 부르신 하나님은 오늘날 우리 모두가 제사장이 되기를 기대하신다. 자신의 약함과 악함과 부족함을 깨닫고, 이런 자신을 찾아오신 하나님을 진심으로 알아가며, 하나님과의 새로운 관계에 기초해 가장 인간적이고 아름다운 삶을 살아가는 우리를 바라신다. 이런 우리를 통해 하나님을 아직 알지 못하는 이들이 하나님의 찾아오심에 반응할 수 있도록 돕는 것이, 인간을 향한 하나님의 뜻이다.

그런데 이런 놀라운 부르심을 입은 이스라엘 사람들은 불행하게도 잘못된 선민의식에 빠진다. 자신들이 특별해서 하나님의 택하심을 받았다고 집단적 착각에 빠진 것이다. 이스라엘 역사는 하나님의 뜻에 믿음으로 반응하며 따라가는 삶이 아니라, 그 반대로 걸어가는 부끄럽고도 지겨운 이야기의 반복이다. 그들은 이집트에서 탈출해 광야에서 방황할 때도, 가나안 땅에 들어가 정착할 때도, 왕이신 하나님을 반복해서 거역한다. 이들의 특징을 사사기는 다음과 같이 표현한다.

> 그때에는 이스라엘에 왕이 없었으므로, 사람들은 저마다 자기의 뜻에 맞는 대로 하였다(자기 소견에 옳은 대로 행하였더라-개역개정)(사사기 17:6).

메시아

왕이 없다는 표현은 왕으로 다스리는 인간이 없다는 뜻이다. 이스라엘에서는 하나님이 왕이셨기 때문이다. 이들은 하나님이 다스리는 정치체제를 가지고 있었다. 그러나 그 하나님을 하나님으로 여기지 않으니 이스라엘 사람들은 각자 자기 뜻에 맞는 대로 행동하며 살았다. 개역성경은 "자기의 소견에 옳은 대로 행하였다"라고 번역했다. 자기 생각에 맞는 대로, 곧 자기중심성으로 다시 돌아갔다는 것이다. 이럴 때마다 이스라엘은 주변국의 공격을 받았고 하나님께 살려 달라고 부르짖는다. 그럴 때마다 하나님이 세우신, 사사라 불리는 지도자들을 통해 위기를 모면하고 원래대로 회복한다. 하지만 위기가 지나가고 나면 또다시 자기 소견에 옳은 대로 행동하고, 다시 외세의 침략을 당하고, 사사를 통해 가까스로 회복한다. 그 역사를 반복한다. 이스라엘 역사의 링반데룽이다.

이들의 반복되는 실패는 그 정도로 끝나지 않는다. 결국, 이스라엘은 하나님의 만류에도 불구하고 왕을 세우고 다른 세속 나라와 똑같이 왕정을 시작한다. 하나님 없는 다른 나라들처럼 왕을 세운 이스라엘은 세상 방식을 따라 움직인다. 주변국들과 정략결혼하고 권력 암투를 벌이고 끊임없이 불의와 악을 자행한다. 그러자 하나님은 그들에게 회개를 요청하는 선지자를 보내 거듭해서 심각하게 경고한다. 하지만 그들은 하나님의 경고를 무시하고 북이스라엘과 남유다로 쪼개진다. 하나님은 여러 선지자를 보내 이스라엘의 자기중심성으로 인해 일어나고 있는 종교적, 사회적, 정치적 악을 고발하고, 하나님께로 돌아오라고 수없이 요청하신다. 가뭄에 콩 나듯 하는 그들의 회개로는 하나님을 등진 역사를 되돌릴 수 없었다. 하나님은 마지막으로, 가나안 족속을 심판한 대로 이스라엘을 심판하겠다고 경고했지만, 하나님을 가벼이 여긴 이스라엘은 멈추지 않고 악을 계속 자행한다.

결국, 남북으로 나뉘었던 두 나라 중 북이스라엘이 B.C. 722년에 앗시리아의 침공을 받고 사라진다. 이런 끔찍한 재앙에도 불구하고 남유다는 회개하지 않고 하나님을 계속 무시한다. 그러다가 남유다마저 B.C. 586년에 바빌론의 침공으로 나라를 잃고, 백성 다수는 죽고 나머지는 포로로 잡혀간다. 많은 이들은 하나님이 이스라엘을 선민으로 삼으시고 편애했다고 생각하지만, 하나님은 모든 민족을 심판하시는 기준보다 오히려 더 높은 기준을 이스라엘에 요구하셨고, 이스라엘이 그 기대에 못 미치자 회개의 경종을 울리는 메시지를 오랫동안 반복하시다가 결국 그들마저 심판하셨다. 세상에서 가장 보잘것없는 자들을 택하셨다는 면에서는 편애라면 편애겠지만, 하나님은 세상 모든 민족, 모든 사람을 공평한 기준으로 대하시는 분이다.

북이스라엘과 남유다를 심판하시는 이유를 아모스서는 다음과 같이 요약한다.

> 나 주가 선고한다. 유다가 지은 서너 가지 죄를, 내가 용서하지 않겠다. 그들이 주의 율법을 업신여기며, 내가 정한 율례를 지키지 않았고, 오히려 조상이 섬긴 거짓 신들에게 홀려서, 그릇된 길로 들어섰기 때문이다. 그러므로 내가 유다에 불을 보내겠다. 그 불이 예루살렘의 요새들을 삼킬 것이다(아모스 2:4-5).

> 나 주가 선고한다. 이스라엘이 지은 서너 가지 죄를, 내가 용서하지 않겠다. 그들이 돈을 받고 의로운 사람을 팔고, 신 한 켤레 값에 빈민을 팔았기 때문이다. 그들은 힘없는 사람들의 머리를 흙먼지 속에 처넣어서 짓밟고, 힘 약한 사람들의 길을 굽게 하였다. 아버지와 아들이 같은 여자에게 드나들며, 나의 거룩한 이름을 더럽혔다. 그들은 전당으로 잡은 옷을 모든

제단 옆에 펴 놓고는, 그 위에 눕고, 저희가 섬기는 하
나님의 성전에서 벌금으로 거두어들인 포도주를 마
시곤 하였다(아모스 2:6-8).

하나님께서 유다와 이스라엘의 주변국을 심판한 이유를
아모스 1-2장은 주로 국제협약의 무시, 인신매매, 무자비
한 살상, 반인륜적 행위, 영토 확장을 위한 무자비한 전쟁
등이라고 기록한다. 그런데 유다와 이스라엘을 심판한 이
유는 우상숭배와 무너진 사회정의 때문이었다. 하나님은
이스라엘에 더 높은 기준을 요구할 수밖에 없었다. 그들에
게는 하나님을 아는 지식이 있었고, 하나님을 예배하며 하
나님 중심으로 살 수 있는 길이 있었기 때문이다. 그러나
그들은 주변 국가보다 더 못한 삶을 살았다. 그러다가 결
국 그들은 하나님의 심판을 피하지 못하고 만다.

이스라엘에서 발견하는 인간 문제의 본질
|

이스라엘의 링반데룽, 반복되는 실패는 우리의 문제이다.
이스라엘은 하나님을 알았고, 안 만큼 믿음으로 반응할 기
회가 있었지만, 하나님을 무시하고 오히려 하나님 없는 세

상 방식을 따라 살아가다가 결국은 패망에 이른다. 오늘날 우리에게도 하나님을 알 기회가 주어진다. 하나님에 관한 지식은 끝도 없기에 하나님은 인간이 하나님에 관해 안 만큼 인격적으로 반응하기를 원하신다. 이것이 성경이 가르치는 믿음이다. 하나님을 알아 가고 알아 간 만큼 믿음으로 반응하면서 인간 자신이 변화하고, 또한 그가 속한 공동체가 나아지기를 기대하신다. 그러나 오늘날도 인간은 하나님을 알아 가는 일에 주의를 기울이지 않는다. 그들은 아브라함처럼 인격적으로 반응하는 믿음이 아니라, 좋게 말하면 신을 감동시켜서 나쁘게 말하면 조작해서 자기 입맛에 맞는 축복을 얻으려는 종교 행위에 열중한다. 하나님을 섬긴다는 사람조차 이스라엘처럼 하나님과 우상을 함께 섬긴다. 그 결과, 개개인의 삶에서 통합된 삶의 아름다움과 인간의 존엄성은 점점 사라지고, 그런 이들의 사회에서는 정의가 실현되지 않는다. 약자의 한숨과 의로운 자의 눈물이 세상에 가득하다.

지금도 하나님은 인간에게 당신 자신을 알려 주신다. 그리고 알게 된 만큼 반응하기 원하신다. 하지만 인간의 문제는 하나님을 알려고도 하지 않고, 알아도 믿음으로 반응하지 않고, 여전히 자기 방식으로, 하나님 없는 세상의 방식으로 자기 삶을 경영하는 것이다. 자기 소견에 옳은 대로 자기 삶을 산다. 자신에게 주어진 수많은 것들이 자신의 것이 아닌데도 자신의 것이라고 주장한다. 그래서 인간은 놀랍게도 링반데룽 현상을 피하지 못한다. 자신의 내면이 자기중심성을 벗어나지 못하니 다른 사람과도 건강한 관계를 잘 맺지 못한다. 어떻게 사랑하는지 왜 사랑하는지 잘 모르니, 사랑받기는 원하나 사랑하는 일에는 서툴다. 당연히 부부관계는 좋아지지 않는다. 아이와의 관계도 좋아지지 않는다. 나이는 들어가고 추구하던 삶은 멀어져 가지만, 이런 게 인생이겠거니 하며 링반데룽의 삶을 오히려 당연히 여긴다.

우리에게 필요한 것은 정직한 직면이다. 인간이 중심이 되어서는 약육강식의 세상을 피할 수 없고, 슬픔과 고통은 끊이지 않는다. 그 안에서 우리 삶도 같은 자리를 맴돌고 있다. 이 모두를 직면하는 것이다. 스스로 중심이 되어 살아가는 삶과 사회가 그런대로 괜찮다고 생각한다면, 자기 소견에 옳은 대로 살 일이다. 그러나 링반데룽을 닮은 우리 삶의 특성을 깨달았다면, 하나님에 관해 안 만큼 진실하게 반응하기 시작해야 한다. 다른 길은 없다. 하나님에 관해 지적 호기심을 갖는 것은 좋지만, 지적 유희는 자기중심성의 또 다른 표현일 뿐이다. 진실하게 하나님을 찾고, 깨달은 만큼 진실하게 반응하는 것만이 하나님을 알아 갈 수 있는 유일한 방법이다.

하나님의 대안, 메시아

|

하나님은 반복해서 반역하는 이스라엘을 바라보면서 그 대안을 처음부터 생각하고 계신 듯하다. 하나님은 이스라엘 역사 초기부터 이스라엘이 하나님의 뜻을 제대로 이루지 못할 가능성이 있음을 알고 계셨고, 성경 곳곳에 하나님의 심판에 대한 경고와 예고를 미리 기록해 놓으셨다. 이스라엘마저 하나님을 반역하여 악한 세상에서 선인이 피해를 보고 핍박을 받는 일이 만연해지지만, 하나님은 하나님의 때에 하나님의 종을 보내어 악한 세상을 심판하고 완전히 회복하시겠다는 뜻을 밝힌다. 이스라엘 역사 초기에는 완전한 심판과 회복이 암시만 되다가, 역사가 흘러가면서 이스라엘의 반역이 점입가경으로 악화하자, 하나님의 종을 통한 심판과 회복의 약속이 더욱더 선명하게 나타난다. 마지막 때에 악한 세상을 심판하고 깨어진 세상을 회복하기 위해 하나님은 자신의 종을 보내겠다고 말씀

하신다. 이 종을 메시아라고 부른다. 메시아는 '주님의 날'에 세상에 나타나 세상을 심판하고 세상을 회복하는 하나님의 종이다. 이스라엘 역사의 비교적 후기에 쓰인 이사야 선지자의 글을 보자. 이 글은 예수께서 인용한 구절이기도 하다.

> 두려워하는 사람을 격려하여라. "굳세어라. 두려워하지 말아라. 너희의 하나님께서 복수하러 오신다. 하나님께서 보복하러 오신다. 너희를 구원하여 주신다" 하고 말하여라. 그때에 눈먼 사람의 눈이 밝아지고, 귀먹은 사람의 귀가 열릴 것이다. 그때에 다리를 절던 사람이 사슴처럼 뛰고, 말을 못 하던 혀가 노래를 부를 것이다. 광야에서 물이 솟겠고, 사막에 시냇물이 흐를 것이다(이사야 35:4-6).

시적 표현으로 가득한 이 글은 신음하며 두려워하는 이들을 향해 쓰였다. 하나님은 "굳세어라. 두려워하지 말아라. 세상에서 강자에 의해, 약육강식의 논리에 의해 피해를 보고 있는 사람들아, 하나님 없는 세상에서 고통당하고 있는 사람들아, 두려워하지 말아라. 굳세어라"라고 말한다.

하나님께서 오셔서 하시는 첫 번째 일이 갚아 주는 것, 곧 심판하는 일이다. 사랑의 하나님만을 되뇌는 이들에게는 거북할지 모르나 성경의 하나님은 심판하러 이 땅에 오시는 분이다. 하나님을 떠나서 하나님 아닌 것을 신으로 삼고, 자신이 가진 힘으로 자기보다 약한 이들을 괴롭히며, 정의를 구부려 불의로 만드는 모든 사람을 심판하겠다고 말씀하신다. 약자에게 한 일을 하나님에게 한 일인 양 여겨 보복하겠다고 한다. 오늘날 '부드러운 기독교'는 심판하는 하나님 이미지를 약화하려 한다. 화를 내고 보복하는 이미지는 사랑의 하나님과 어울리지 않는다고 생각하기 때문이다.

그러나 하나님의 사랑은 정의 위에 세워진다. 불의를 그대로 두면서 사랑을 이야기하는 것은 비겁한 것이며, 진정으로 사랑한다면 불의를 제거해야 한다. 하나님은 물러터진 사랑의 하나님이 아니라 정의에 뿌리를 내리고 사랑을 꽃피우는 하나님이다. 그러므로 심판의 메시지는 당연히 회복의 메시지로 이어진다. "하나님께서 너희를 구원하여 주신다"라고 말씀하시는데, 여기서 '너희'는 누구일까? 이스라엘 민족을 뜻하는가? 그들은 이미 하나님을 배반한 족속이다. 선민인 이스라엘이 아니라 하나님에게 믿음으로 반응하는 사람들을 가리킨다. 그들을 구원하겠다는 것이다. 그들을 구원할 때 어떤 일이 일어날지를 이사야 선지자는 매우 시적으로 표현하고 있다. 눈먼 사람의 눈이 밝아지고, 귀먹은 사람의 귀가 열린다. 다리를 절던 사람이 사슴처럼 뛰고, 말을 못 하던 사람들이 노래를 부른다. 이것은 불완전하고 깨졌던 세상이 회복된다는 시적 표현이다.

사실 우리는 눈을 뜨긴 떴지만 제대로 보지는 못하는 사람들이다. 귀가 있어도 제대로 정보를 듣고 해석하는 능력이 없어 곧잘 오해하고 갈등에 휩싸인다. 악을 피하고 선을 행하는 일에 빨라야 할 우리 발은 오히려 선에 그지없이 둔하다. 사랑을 노래하고 하나님을 드높여야 할 우리 입은 너무 자주 체념과 절망을, 때로는 저주를 말한다. 이러한 우리를 하나님은 구원하신다. 우리를 붙들고 있는 수많은 아픔과 고통과 한계에서 해방하겠다는 것이다. 하나님이 놀라운 회복을 이루시겠다는 것이다. 하나님이 친히 방문하셔서 세상을 심판하고 회복하시어, 하나님 당신께서 사랑하는 이들을 살리고 싶다는 것이다.

한 걸음 더 나아가 "광야에서 물이 솟겠고, 사막에 시냇물이 흐를 것이다"라고 선언한다. 광야 같고 사막 같은 피조 세계 자체가 회복된다는 것이다. 하나님은 악을 징벌하고 나서 깨어진 세상을 완전히 회복하기 원하신다. 그 속에 있는 사람만이 아니라 우리가 사는 문화와 피조 세계 전체를 모두 다 회복하기 원하신다. 성경의 하나님은 단지 세상살이에 지친 이들의 마음을 위로해 주는 신이 아니다. 하나님은 우리가 사는 세상 전부가 깨어져서 사막이나 광야 같으며, 하나님의 형상으로 지은 인간조차 제대로 듣지도 보지도 말하지도 노래하지도 춤추지도 못하는 전인적 불구 상태에 빠져 있다고 말씀하신다. 이렇게 만든 원흉인 자기중심적인 모든 것을 심판하시고, 온전하게 회복하겠다고 말씀하시는 분이 성경의 하나님이다. 이를 위해 하나님 당신께서, 또는 당신과 방불한 당신의 종을 보내서 어떤 대가를 치르고라도 세상을 회복하겠다는 분이 바로 성경의 사랑의 하나님이다.

인간의 역사 속에서 일하시는 하나님

성경의 하나님은 고대인들이 사유와 명상을 통해 찾아낸 신이 아니라, 인간의 역사 속에 실제로 들어와 인간과 소통하며 인간의 역사 속에서 일하시는 하나님이다. 북이스라엘과 남유다가 앗시리아와 바빌론에 의해 심판당한 것은 역사적 사실이다. 그 이전에 사울과 다윗의 통일 왕국이 솔로몬 때에 남북으로 분열한 것도 역사적 사실이다. 왕국이 세워지기 전에 사사들을 통해 신정정치를 했던 것도, 그 이전에 가나안 족속을 심판하고 그 땅에 들어가 정착한 것도, 그 이전에 이집트를 탈출해 40년간 광야를 방황한 것도 모두 역사적 사실이다. 하나님은 인간의 역사에 개입하시는 분이다.

그 하나님이 깨지고 상한 이 세상을 심판하고 회복하겠다고 약속하셨다. 그리고 당신의 종, 곧 메시아를 보내셔서 이 일을 성취하겠다고 선지자들을 통해 수없이 말씀하셨다. 이상하게도 유대교나 기독교 배경이 없는 이들도 메시아 같은 존재를 갈망한다. 세상이 혼란스러울수록 이런 존재가 나타나 세상을 정돈해 주길 바란다. 한국 정치에도 그런 정치 지도자가 나타나 우리나라를 사람 살 만한 세상으로 확 바꿔 줬으면 좋겠다는 바람을 갖는다. 내 인생에도 메시아 같은 존재가 나타나서 나를 좀 제대로 끌어 줬으면 좋겠다고 생각한다. 멘토에 대한 열망도 이와 비슷하다. 모든 사람이 메시아를 갈망한다. 우리 한계와 문제를 해결해 주는 메시아를 갈망하는 본능은 하나님이 인간을 하나님과의 관계성 속에서만 존재할 수 있도록 창조했기에 나타나는 특징이다. 무의식으로라도 메시아를 갈망하는 인간을 위해, 하나님 당신 자신이 메시아로 이 땅에 와서 치유하고 회복하겠다는 것이 구약성경의 중심 이야기이다. 성경의 하나님은 인간의 한숨 소리와 피비린내가 가득한 인간의 역사 속에서 일하신다.

많은 사람들이 성경의 하나님도 결국 인간이 만들어 낸 신이라고 생각한다. 인간은 약하기 때문에 절대적 진리와 존재가 필요하고, 그래서 그런 갈망이 신을 만들어 냈다고 생각한다. 일견 맞는 말이다. 그래서 모든 문명에 종교가 있다. 각 문명권에서 발달시킨 신의 개념이 있다. 그런데 성경의 하나님은 계속 강조한다. "나는 인간이 만든 신과는 다르다. 나는 너희 손으로 조각하고, 너희 생각으로 만든 신이 아니다." 더 나아가 "너희 역사 속에서 너희와 소통하며 역사를 함께 만들어 가는 신이다"라고 주장한다. 그래서 역사 속으로 들어와 불의한 세상을 심판하고 인간을 포함한 모든 피조 세계를 회복할 것이라고 주장한다. 하나님은 "너는 날 이해할 수도 없고 알 수도 없다. 그러나 내가 나의 뜻을 너에게 보여 준다. 보여 준 만큼 진실하게 반응해라. 내가 너에게 진실하듯이 너도 나에게 진실해라.

이것이 가장 근본인 원리이다. 나에게 믿음으로 반응할 때, 세상이 회복될 수 있고 네 인생이 회복될 수 있다. 이것이 유일한 원리이다"라고 말씀하신다.

나에게도 찾아오시는 하나님

이 책을 읽고 있는 당신은 하나님이 당신의 인생에, 인간의 역사에 개입하기를 기대한다. 그렇지 않다면 이 책을 읽지도 않았을 것이다. 그러나 아브라함을 불러서 하나님과 관계 맺는 유일한 방법을 가르쳐 주신 하나님은, 이 시간 여기서도 동일한 방식으로 일하고 계신다. 세상 누구도 관심 두지 않았던 아브라함을 찾아가셨고, 지지리도 못난 민족을 택해서 거듭되는 반역에도 불구하고 동행하셨던 하나님이셨으므로, 지금도 평범한 사람, 지지리도 못난 사람들 속에서 일하실 가능성이 크다. 인간의 역사 속에서 일하셨던 그 하나님이 인간의 역사 속에 오셔서 심판과 회복의 일을 마무리하겠다고 약속하시면서 구약성경은 막을 내린다.

그렇다면 구약성경 내내 오랜 기간 약속하고 예고했던 하나님의 개입은 실제로 이루어졌는가? 구약성경은 이러

메시아

한 대망을 품고 끝을 향해 달려가다가 마지막 책, 말라기에서 더욱 큰 소망을 일으키고는 속절없이 끝나버린다. 하나님은 약속한 대로 인간의 역사 속에 개입하지 않으신 것인가? 악인과 악한 세상에 대한 심판은 결국 없는 것이며, 완전히 회복된 세상에 관한 이야기는 결국 유토피아적 환상에 불과한 것인가? 아니라면, 심판과 회복이 역사 속에서 실제로 일어났다는 것인가? 다음 장에서 역사 속에 실제로 개입한 메시아를 살펴볼 것이다.

만약 인간의 역사에 실제로 개입한 하나님이 계신다면, 우리 개인을 찾아오시는 하나님도 기대할 수 있다. 하나님은 세상에 메시아를 보내어 인류 역사에 개입하겠다고, 이를 통해 깨어진 세상과 자기중심성에 빠진 인간과 관계를 회복하는 길을 열겠다고 계획하시고 실행하신 분이다. 상징이나 비유가 아니라, 실제 우리 삶과 우리가 사는 세상에 개입하는 하나님이 당신은 필요하지 않은가?

1. 인생의 문제를 풀어 가면서 계속 제자리걸음('링반데룽')
한다고 느낄 때가 있는가?

2. 인생의 침체나 반복적 실패의 원인이 "하나님과 관계없
이 자기 소견에 옳은 대로 살기 때문이다"라는 말에 어떤
생각이 드는가?

3. 하나님께서 인간의 역사 속에 오셔서 인간의 문제를 본
질적으로 해결하기 위해 일하고 계신다면, 당신이 해야 할
가장 중요한 일은 무엇일까?

메시아

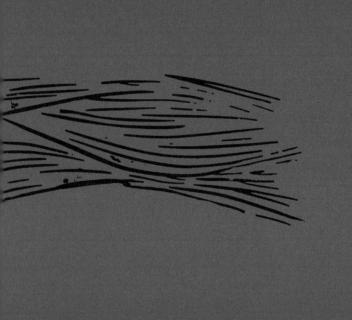

5

하나님
나라

하나님이 인간의 역사에 개입한 사건이 예수 사건이다. 하나님은 메시아 예수로 오셔서 인류 역사에 분기점(B.C./A.D.)을 만든다. 하나님을 제거한 후에 자기중심성에 빠져 자신과 세계를 감당하지 못했던 인류를 향해 예수는 하나님이 중심이 되는 새로운 나라를 실제로 보여 준다. 그로 인해 오래전부터 기다려 왔던 하나님나라의 실체가 드러난다.

구약성경 전체는 메시아를 대망하고 있다. 구약성경의 후기 예언서로 가면 갈수록 메시아 대망 사상이 강화되지만, 메시아는 오지 않았다. 선지자들의 소리가 사라지고 수백 년이 지난 다음에야 예수가 역사 속에 등장한다. 그는 자신에 대해, 자신이 가르치는 내용에 대해 획기적인 주장을 했다. 그의 가르침과 행적은 많은 사람에게 의문을 일으켰고 질문을 불러왔다. 예수에 관한 기록은 액면 그대로 받아들이기 힘든 내용이 많아서, 그에 관한 수많은 해석이 나왔고 지금도 나오고 있다. 예수는 과연 누구인가?

하나님나라

수많은 예수상

|

인류 역사상 가장 많이 초상화로 그려진 인물은 예수이다. 지난 이천 년간 수많은 이들이 예수의 얼굴을 그리려 애썼다. 당신은 예수의 얼굴 하면 어떤 모습이 떠오르는가? 한국 화가들이 그린 갓을 쓴 예수상도 있지만, 기독교가 서양 문화를 형성한 중심축 가운데 하나였기에, 예수상은 대부분 서양인 얼굴을 하고 있다. 하지만 예수는 인종으로 따지면 백인이 아니라 우리 같은 황인이었다. 팔레스타인 지역에 살았으므로 지금 그 지역 사람들과 닮았을 것이다. 노동자에 촌 동네 출신이라 그리 곱상한 얼굴도 아니었을 것이다. 사람들은 자기 시대가 바라고 자신들이 원했던 이상형으로 예수를 그렸지만, 실제 예수의 얼굴은 어땠을까?

그런데 진짜로 궁금한 것은 예수의 얼굴이 아니라 그가 어떤 분이었는가이다. 성인이나 위인으로 불리는 사람 중에 예수만큼 정체성 논란이 많았던 존재는 없다. 예수의 주장과 행적, 특히 그의 부활을 액면 그대로 받아들일 수 없어서, 사람들은 각각 자신의 관점으로 예수를 규명하려고 애썼다. 어떤 이는 예수를 '종말론적 열광주의자'라 하고, 한편에서는 '유대인 랍비'라고 한다. '순회 설교자', '반

로마 과격분자', '반 바리새파주의자'라고도 한다. 시대가 흐르면서 '신비주의적 영성가', '수도사', '현자'라는 주장도 나왔다. 마르크시즘과 민중에 관한 관심이 일어난 후에는 '혁명가', '노동자', '고난 받는 자의 화신'이라는 주장도 나왔고, 1960년대에는 '히피'라고도 불리었다. 최근에는 예수가 'CEO'라는 주장까지 등장했다. 또한 종교마다 예수를 각각 해석하는데, 불교에서는 '부처', 곧 '깨달음을 얻은 존재'로, 이슬람교에서는 '실패한 선지자'로, 유대교에서는 '가짜 메시아'로 본다. 예수의 초상화만큼이나 다양한 견해가 존재한다. 수많은 이들이 수많은 예수상을 시대에 따라, 자신의 취향이나 필요에 따라 만들어 내는 것을 보면, 예수라는 존재가 대단하기는 대단한가 보다.

진짜 예수는?

그렇다면 진짜 예수는 누구이고, 그 예수가 가르친 바는 어디서 발견할 수 있을까? 예수가 역사적으로 존재했다는 사실을 부인하는 사람은 없다. 그렇다면 예수가 실제로 존재했던 시기와 가장 근접한 기록물이 예수를 가장 온전하게 담고 있으리라는 점은 분명하다. 마태 · 마가 · 누가복음은 예수 사건이 일어나고서 한 세대 전후하여 쓰인 글이다. 이는 마치 지금부터 30년 전 일을 기록하는 것과 같다. 예수를 실제로 경험한 이들이 살아 있는 시기에, 그에 관한 기록과 자료들이 존재할 때 쓰인 것이 마태·마가·누가복음이다. 이 중에서도 예수 사건에서 가장 가까운 시기에 기록된 것이 마가복음이고, 마가복음을 기초로 마태와 누가가 자신의 자료를 더해서 자신의 복음서를 썼다. 다시 한 세대 이상이 지난 다음에 사도 요한이 마태·마가·누가복음이 다루지 않은 내용과 신학적 성찰을 담아 요한복음을 썼다.

사복음서의 역사성에 관해서는 수많은 사람의 비평이 존재한다. 일단 기록된 내용 속에 여러 번 기적이 등장하고, 무엇보다 예수의 부활과 승천은 신화에나 등장하는 이야기 같아서 일반 사람들이 사실로 받아들이기 쉽지 않다. 그러나 더욱더 어려운 것은 예수가 자신에 관해 주장한 바인데, 그는 자신을 하나님이 보낸 자로, 더 나아가 하나님과 동일한 존재로 주장했다. 예수에 관한 기록이나 주장들을 액면 그대로 받아들이기 힘들어서 근·현대 비평가들은 사복음서의 내용을 초기 교회가 '조작한 문서', 광신도들이 자신들의 교주를 신격화한 결과로 만들어진 자료라고 주장한다. 그러나 기독교 공동체는 예수 사건과 예수의 주장을 생명 걸고 증언했던 소수에 의해 시작되었다. 이 증언 위에 기독교 공동체가 세워졌다. 만약 이 증언이 조작된 것이라면 기독교는 거짓에 기초한 종교가 된다. 예수에 관한 견해가 수없이 쏟아지는 이유 중 하나는, 실제로 일어난 사건으로부터 가장 가까운 시일 내에 쓰였고, 생명을 걸고 사실이라고 증언한 자료를 액면 그대로 받아들이지 않기 때문이다. 하지만 인류사에서 특히 고대사에서 역사적 사건을 이렇게 빨리 기록한 문서들은 희귀하여 그 자체로 가치가 있을 뿐 아니라, 성경의 저자들이 자신들의 기록을 역사적 사실이라고 한 치의 망설임 없이 주장했음을 간과해서는 안 된다.

이 증인들의 증언을 믿을 수 없다면, 예수의 역사적 실존에서 멀리 떨어진 자료에 의지해야 하고, 당연히 자신들이 원하는 예수상이 만들어질 수밖에 없다. 예수가 누구였는지를 알기 원한다면 그를 따르며 목격했던 사람들의 증언에 일차적인 무게를 두어야 한다. 더군다나 그 주장이 신약성경이 쓰이기 오래전에 기록된 구약성경과 맥락이 이어질 뿐 아니라, 예수가 구약성경이 예견하고 기다렸던 메시아라면, 예수의 가르침과 행적을 좀 더 조심스럽게

하나님나라

살펴보아야 한다. 한 걸음 더 나아가, 구약성경의 하나님이 인간의 역사에 개입하는 분이며, 그래서 이스라엘의 역사를 주관해 오시다가 둘로 나뉜 북이스라엘과 남유다를 차례로 제국들을 통해 심판하신 분이라면, 이에 그치지 않고 깨지고 상한 세상을 심판하고 회복하기 위해 인간의 역사 속에 메시아를 보내겠다고 약속한 분이라면, 더더욱 자신을 메시아라고 주장한 예수의 가르침과 행적을 가장 가까운 시기에 기록한 자료에 기초해 조심스럽게 살펴볼 필요가 있다.

예수의 중심 가르침

앞서 이야기한 대로 마가복음이 사복음서 중에서 가장 먼저 쓰였고, 나머지 복음서의 기본 뼈대를 형성한다. 그래서 예수의 중심 사상을 살펴볼 때, 물론 사복음서 전체를 연구하는 것이 가장 좋겠지만, 그 뼈대가 되는 마가복음에 주의를 기울이는 것도 좋은 방법이다. 그런데 마가복음 전체를 요약하는 구절이 있다. 마가복음 1장 15절이다.

　　　때가 찼다. 하나님의 나라가 가까이 왔다. 회개하여

라. 복음을 믿어라(마가복음 1:15).

마가복음에 따르면, 예수는 고향 나사렛에서 위와 같이 설교했다. 당연히 위의 구절은 설교 전체가 아니라 설교를 요약한 것이고, 마가복음 전반에 걸쳐 전개될 예수의 가르침을 요약한 것이기도 하다. 예수의 가르침을 제대로 살피는 일은 물론이고, 그 중심 사상을 요약한 마가복음 1장 15절의 중요한 요소를 살피는 일에도 적지 않는 시간과 지면이 필요하다. 이 책에서는 예수의 중심 사상과 행적이 하나님께서 인간의 역사에 개입한 것과 어떤 관계가 있는지에 집중해서 그 의미를 살펴보자.

"때가 찼다"

누구에게나 그렇지만 첫마디 말, 일성 一聲은 중요하다. 예수는 "때가 찼다"라는 말로 그의 가르침을 시작한다. 정관사를 붙여 '그때'라고 강조해야 하는 성경 본문의 "때"는 무엇을 의미하는가? 지금까지 우리가 살펴보았던, 하나님이 메시아를 세상에 보내어 인간의 역사에 개입하는 바로 그때이다. 인간이 하나님을 떠나 자기중심적으로 살면서 세

하나님나라

상은 깨어져 망가졌고, 그 결과 슬픔과 눈물이 가득하고 불의가 넘쳐나서 악한 자들이 승리하는 곳이 되었으며, 이제는 회복할 수 없을 지경까지 이르렀다. 바로 그때인 것이다. 특히 이스라엘을 통해 세상 모든 사람을 하나님께 돌아오게 하려고 했는데, 그들조차 링반데룽을 거듭하다가 더는 소망이 없는 자들이 되어버린 바로 그때이다. 이제 하나님께서 자신의 종 메시아를 보내셔서, 하나님을 떠난 세상을 심판하고 회복하실 때가 되었다는 것이다. "때가 찼다"라는 것은 그때가 완전히 무르익었고, 이제 그 시점에서부터 새로운 시대가 시작된다는 신호탄이었다.

세상이 깨어지고 망가진 가장 큰 이유는 우주와 인생의 중심이신 하나님을 제거한 데 있으므로, 하나님과의 관계 회복이 세상을 회복하는 일의 핵심임을 하나님은 알고 계셨다. 물질이 풍요해지고 과학 기술이 발전하고 교육을 많이 받아도, 인간의 본질적 문제는 해결될 수 없다. 그 핵심 문제를 해결하기 위해 하나님은 인간의 역사 속으로 메시아를 보내기로 계획하셨고, 이제 그때가 무르익었다는 것이다. 이제 때가 찼다. 하나님께서 인간의 역사를 그냥 보고 계실 수 없는, 개입할 수밖에 없는 때가 되었다고 예수는 선언한다. 이 짧은 구절은 예수가 자신을 어떤 존재로 보고 있는지를 간명하게 보여 준다. 예수는 자신이 구약의 긴 역사 동안 기다리던 그때를 선포하고 도래시키는 존재, 그때로부터 시작되는 새로운 시대를 여는 존재라고 선언한 것이다.

하나님이 우리 인생에 개입하는 때

여기서 '때'를 가리키는 단어는 '카이로스'이다. 시간을 뜻하는 단어는 두 가지인데, '크로노스'와 '카이로스'이다. '크로노스'는 흘러가는 시간으로, 연대표^{Chronology}나 연대기^{Chronicle}라는 단어에 주로 쓰인다. 구약성경에는 역대기 The Chronicles라는 책이 있는데, 그때 쓰이는 단어이다. 이렇게 순서대로 흘러가는 시간인 크로노스와 달리 카이로스는 어떤 특정한 시간을 가리킨다. 의미 있는 시간, 지정된 시간, 계절, 때 등을 주로 뜻한다. 성경에서도 무화과의 "철 season", 추수할 "때" 등에 사용되는데, 인간의 역사나 사회에는 이렇게 의미 있는 때가 있다. 하나님께서 인간의 역사에 개입하시는, 카이로스에 부합하는 특별한 시간이 있다. 인류는 역사를 B.C.와 A.D.로 나누는데, 하나님이 인류 역사에 개입한 특별한 분기점이기 때문이다. 인류는 오랫

하나님나라

동안 그리스도, 곧 메시아가 오기 전의 시대^{B.C. Before Christ}
와 주님이 오신 해^{A.D. Anno Domini}로 나누어 인류의 연대기
를 기록해 왔다.

　하나님이 인간의 역사에 개입한 사건이 예수 사건이다.
하나님을 제거한 이후 스스로 해결하지 못하는 자기중심
성에 빠져 링반데룽을 벗어나지 못하는 인류를 위해, 그
역사 속으로 메시아 예수를 보내셔서 인류 역사의 분기점
을 만드신 것처럼, 하나님은 우리 각자에게도 그렇게 찾아
오신다. 우리 인생이란 것이 그저 시간이 흐른 다음에 끝
나 버리는 것 같아도, 때때로 하나님을 만나는, 인생에 관
해 본질적인 질문을 던지는 때(카이로스)가 있다. 깨어진 세
상 속에서 그 구성원으로 살아간다는 자괴감이 들고, 이런
세상이나 내 삶이나 크게 다르지 않다는 사실을 절감하는
'그때', 내 삶 역시 해결점을 찾지 못하고 링반데룽 현상에
갇혀 자괴감과 열패감을 느끼는 '그때'가 하나님이 우리
개개인을 방문하시는 때일 수 있다. 지금 여기에서 하나님
이 당신에게 "때가 찼다"라고 말씀하시지는 않는가?

"하나님나라가 가까이 왔다"

|

이 "때"가 찼을 때, "하나님나라가 가까이 왔다"라고 예수는 선언한다. 그런데 하나님나라란 무엇인가? 간단히 말해 하나님께서 다스리는 나라이다. 하나님이 중심이 되셔서 사랑과 공의로 운영하는 나라가 하나님나라이다. 세상을 창조하실 때 원래 계획하셨던 하나님의 의도가 온전히 드러나는 나라이다. 모든 인간이 하나님과 인격적 관계를 맺으며 하나님을 사랑하고 그의 무조건적 사랑을 받아 누리며, 그런 사랑을 받았기에 자기 자신을 있는 그대로 용납하고 사랑하는 나라이다. 또한 하나님께 사랑을 받은 방식 그대로 다른 이들을 사랑하며 정의롭게 더불어 살아가는, 그리고 자신이 몸담은 사회와 자연을 하나님을 대신해서 잘 가꾸고 경영하는 나라이다. 다시는 약육강식의 논리가 지배하지 않고 대신에 사랑과 공의에 기초한 하나님의 다스림만이 지배하는 나라, 그리하여 인간만이 아니라 모든 피조물과 피조 세계 전체가 하나님의 평화, 곧 샬롬으로 가득한 나라가 하나님나라이다. 이러한 나라가 이루어지기 위해 가장 중요한 것은 하나님과 인간의 끊어진 관계 회복이다. 자기가 중심이었던 인간이 원래 자리로

돌아가 하나님과의 관계를 회복하는 것이 하나님나라의 핵심이다.

당연히 하나님나라의 핵심은 그 나라의 왕이신 하나님이다. 하나님나라를 인간의 언어와 사고로밖에 표현할 수 없어서 나라나 왕이라는 단어가 가지는 한계를 피할 수 없지만, 고대 사회에서 왕은 그 나라의 성격을 좌우했다. 왕은 현재의 정치체제인 대통령제의 대통령과는 차원이 전혀 다른 직책이었다. 하지만 국가 수장이 어떤 사람인지에 따라 한 나라의 성격이 좌지우지되는 경우는 한국 근현대사에서도 고통스럽게 확인할 수 있고, 더군다나 왕정에서의 왕은 더 절대적으로 중요했다. 그러므로 하나님나라를 제대로 이해하려면 하나님나라의 왕이신 하나님을 잘 알아야 한다. 하나님은 구약의 오랜 역사 동안 하나님이 어떤 분인지 여러 번 여러 방식으로 이스라엘에 보여 주셨고, 기록까지 하게 하셨다. 하지만 이스라엘은 하나님을 아는 지식을 제대로 누리지 못했다. 결국, 전 우주를 창조하신 하나님은 인간에게 하나님 자신을 알려 주기 위해 인간의 모습이 되어 오기로 결정하셨다. 그가 바로 예수이다. 우리는 예수의 삶과 인격을 통해, 우리의 지성으로 절대로 가늠할 수 없는 하나님을 알게 된다. 예수의 가르침을 통해서 하나님의 뜻을 알 수 있다. 절대적 진리와 신을 찾기 위해 어두운 방에서 더듬어 찾듯이 구도와 수행을 하지 않아도 된다. 세상에서 가장 좋은 교육과 소통 방법은 어떤 실재를 설명하는 게 아니라 보여 주는 것이다. 우리는 예수를 통해 하나님나라의 왕을 뵙는다.

예수의 오심으로 시작된 하나님나라

우리에게 하나님을 실제로 보여 주신 예수가 세상에 오셔서 돌아가실 때까지 가르치신 것은, 하나님이 중심이 되시는 하나님나라였다. 그는 모든 에너지와 지혜를 다해 하나님나라가 무엇과 같은지 설명했다. "하나님나라를 어떻게 비교하며 또 무슨 비유로 나타낼까"(막 4:30)라고 말씀하신 데서 얼마나 많이 고민하셨는지를 알 수 있다.

그런데 대부분 사람은 예수께서 이야기하신 하나님나라를 죽으면 가는 천당 같은 곳으로 생각한다. 그 이유는 성경의 표현과 번역에서 찾을 수 있다. 마태복음에서는 하나님나라^{Kingdom of God} 대신에 하늘나라^{Kingdom of Heaven}라는 표현을 쓴다. 이는 하나님을 경외하여 그 이름을 함부로 입에 올리기 불편했던 유대 그리스도인들을 위해 마태복음의 저자가 '하나님'나라라는 표현 대신에, 하나님이 거하시는 영역인 하늘이라는 단어를 사용해 '하늘'나라라고 표현했기 때문이다. 안타깝게도 한글 개역성경은 마태복음의 하늘나라를 '천국'이라고 옮겼는데(다행히 새번역성경은 '하늘나라'로 번역했다), 마태복음을 읽은 한국 독자들은 이 천국을 천당이라고 생각한다. 그래서 하나님나라를 죽어서 가는 천당이라고 생각하는 경우가 적지 않다. 예수께서 전하신 하나님나라는 죽어서 가는 곳을 훨씬 뛰어넘는 개념이었다. 그렇다면 예수께서 가르치신 하나님나라의 요체는 무엇인가?

예수는 자신을 구약성경에서 약속한 메시아라고 여러 번 천명했을 뿐 아니라, 메시아인 자신이 이 세상에 왔으므로 하나님나라가 시작되었다고 선언하셨다. 실제로 사복음서에 나오는 수많은 치유와 귀신을 내쫓는 기적들은 메시아이신 예수가 오심으로 말미암아 일어난 일들을 기록한 것이다. 예수를 메시아로 받아들이는 이들은 질병에서 놓임을 받았고, 메시아가 가는 곳에서는 인간이 짊어진 수많은 문제가 해결되었다. 빛이 비치면 어둠이 사라지듯이 하나님의 다스림이 이 땅에 임할 때 여러 치유 사건들이 일어났다. 귀신이 쫓겨나가고 청각장애인이 소리를 듣고 시각장애인이 시력을 회복하고 하반신불수 장애인이 일어나서 뛰어다니는 일이 일어난 이유는 깨어지고 상한 세상을 회복하기 위해 하나님이 이 세상에 개입했기 때문이다. 이러한 사건들은 예수가 기적을 일으키는 주술사나 마술가임을 보여 주기 위한 것이 아니라, 구약성경에 수없이 기록된, 메시아가 왔을 때 나타나는 인간 회복의 증거들이었다.

메시아이신 예수께서 이 땅에 오심으로 하나님나라는 이미 시작되었다. 하나님이 다스리는 곳에는 온갖 악한 영과 사람을 혼란스럽게 하는 귀신이 있을 수 없다. 인간을 괴롭히는 신체적·정신적·육체적 장애와 영적 장애들이 그대로 있을 수 없다. 예수가 계신 곳에서는 모든 것이 다 회복되었다. 예수가 가는 곳에 기적이 일어날 수밖에 없었던 이유가 여기에 있다. 그 기적은 주술이나 마술, 요술, 신화적 사고와는 거리가 멀었다. 구약성경이 약속했던, 메시아가 오면 세상을 회복하리라는 약속이 실제로 이루어진 것이다.

이러한 기적들이 속출하고 예수께서 귀신들린 자들을 많이 해방하니, 당시 지도자들이 의문을 제시한다. 그때 예수께서 대답하셨다.

그러나 내가 하나님의 능력을 힘입어 귀신들을 내쫓으면, 하나님나라가 너희에게 이미 온 것이다(누가복음 11:20).

하나님나라가 미래 어느 시점에 오리라는 것은 구약성경 선지자들의 바람이었다. 그런데 예수는 그 하나님나라가 이미 임했다고 선언하고 있다. 이것이 예수의 하나님나라 사상의 독특성이다. 예수의 가르침 중 가장 중요한 사상은 하나님나라가 언젠가 온다는 '미래적 하나님나라'에 있지 않고, 하나님나라가 지금 임하여 시작되었다는 '현재적 하나님나라'에 있다. 메시아이신 예수가 이 땅에 오심으로 그토록 기다리던 하나님의 다스림이 시작되었다는 선언은 예수 가르침의 정수이다. 그런데 오늘날 많은 교회는 예수의 가르침을 '죽으면 천국 간다'라고 소개한다. 죽어서만 천국에 가는 것이 아니라, 살아 있어도 메시아이신 예수를 받아들이면 이미 시작된 하나님나라에 들어간다는 것이 예수의 가르침이다. 현재적 하나님나라를 잃어버리면, 기독교는 내세 지향적이고 현실 도피적이며 세속을 합리화하는 신앙으로 전락할 수밖에 없다. 성경의 예수는 자신이 메시아이며, 자신이 옴으로써 오래전부터 기다려 왔던 바로 그때가 이르렀고, 마침내 하나님나라가 시작되었다고 선언하신다.

예수가 다시 오심으로 완성될 하나님나라

예수께서 가르치신 하나님나라는 분명 혁명적 사상이다. 하나님나라가 이미 시작되었으니 이제 악이 징벌되고 새로운 세계가 열리는, 혁명 같은 일이 곧 일어나리라 기대할 수 있다. 그런데 예수의 하나님나라는 세상 권력과 자본으로 움직이는 나라와는 다르다. 이미 시작된 하나님나라의 특성이 어떠한지, 또 어떤 방식으로 완성되는지도 예수께서는 수차례 가르치셨다. 그때마다 '씨앗'과 관련한 비유를 자주 사용하셨다.

> 예수께서 또 다른 비유를 들어서, 그들에게 말씀하셨다. "하늘나라는 겨자씨와 같다. 어떤 사람이 그것을 가져다가, 자기 밭에 심었다. 겨자씨는 어떤 씨보다 더 작은 것이지만, 자라면 어떤 풀보다 더 커져서 나무가 된다. 그리하여 공중의 새들이 와서, 그 가지에 깃들인다"(마태복음 13:31-32).

유명한 이 하나님나라 비유는 하나님나라의 특성과 성장 과정, 그리고 그 결과를 간략하고도 심오하게 가르쳐준다. 먼저 누구나 알듯이 겨자씨는 어떤 씨앗보다도 작다. 하나님나라가 이와 같다. 겨자씨같이 별 볼 일 없이 작게 시작한다는 것이다. 하나님은 깨어진 세상을 위해 아브라함 한 사람을 부르셨다. 겨자씨에 불과했다. 전 세계 열국을 회복하는 일을 위해, 세상에서 가장 보잘것없는 나라 이스라엘을 부르셨다. 역시 겨자씨에 불과했다. 인류 구원의 거대한 사명을 가지고 이 땅에 오신 예수는 식민지 촌구석의 목수 집안 청년일 뿐이었다. 회복해야 할 전 우주를 생각하면 예수는 겨자씨만큼이나 작아 보인다. 세상을 회복하겠다고 하면 사람들은 뭔가 엄청난 프로그램이나 프로젝트가 있어야 한다고 생각하는데, 예수가 전한 하나님나라는 고작 씨앗이었다. 하나님나라는 이렇게 소리 소문 없이 별 볼 일 없는 사람과 상황 속에서 시작한다.

　작디작은 겨자씨의 또 다른 특징은 일정한 과정을 거쳐 놀라운 결과에 이른다는 것이다. 세상에서 가장 작은 씨앗 중 하나지만 새들이 깃들 정도로 크게 자란다. 하나님나라는, 시작은 미약하지만 쉴 곳 없는 새들이 깃들어 안식할 수 있는 나무처럼, 결국에는 척박한 세상을 회복하여 세상에 안식을 가져다줄 것이다. 사실 예수께서 태어난 해는 A.D. 1년이 아니다. 학자들은 B.C. 4년경으로 추정한다. 예수의 탄생 자체가 겨자씨처럼 너무 미미해서, 고대 역사가들이 B.C.와 A.D.를 나누는 해를 추정할 때도 정확하지 못했다. 촌구석에서 태어난 목수의 아들에 어떤 역사가도 관심을 기울이지 않았기 때문이다. 이렇게 팔레스타인 지역에서 시작한 작은 운동이 오늘날 전 세계로 확장되었다. 이런 면에서 우리 한반도는 특별한 의미가 있다. 하나님나라 소식이 퍼져 나가기 시작한 팔레스타인 지역에서 유라시아 대륙을 관통해야 한반도에 다다를 수 있다. 반대 방향으로는 유럽 대륙을 관통하고 대서양을 건너 신대륙을 횡단하고 태평양을 건너야 한반도에 이를 수 있다. 이처럼 하나님나라는 지리적으로 놀라운 성장을 보여 주었다.

사회·문화 영역에서도 예수가 전파되는 곳에서는 놀라운 일이 일어났다. 인간 존엄성, 정의에 대한 개념, 법 개념, 노예 해방, 어린이와 여성의 인권 신장 등 인류 문명에 없어서는 안 될 중요한 요소들이 그리스도인과 기독교 문명을 통해 발전했다. 하나님이 세상을 규모 있게 창조했다고 믿는 근대 과학자들이 그 원리를 찾아내려고 애를 쓰다가 근대과학이 태동했다. 인류 문명은 기독교를 떼어 놓고 설명할 수 없다. 그러나 기독교 교회의 역사는 깨어진 세상을 회복하고 약자 편에 서는 아름다운 유산만이 아니라, 강자 편에 서서 약자를 짓누른 역사도 남겼다. 예수 때부터 오늘에 이르기까지 예수 주변에는 예수를 이용해 자기 잇속을 채우려는 사람과 집단이 늘 있었다. 예수를 믿는다고는 하지만, 예수가 가져오신 하나님나라 사상에 반대되는 자기중심성을 버리지 못한 사람들이 늘 있었다. 예수와 교회의 이름으로 자신의 사익을 추구할 뿐만 아니라, 이를 극대화하기 위해 온갖 악행을 저지른 자들도 있었다. 예수께서 원수가 뿌린 가라지를 경고하신 이유가 여기에 있다.

> 추수 때까지 둘 다 함께 자라도록 내버려 두어라. 추수할 때에, 내가 추수꾼에게, 먼저 가라지를 뽑아 단으로 묶어서 불태워 버리고, 밀은 내 곳간에 거두어들이라고 하겠다(마태복음 13:30).

예수께서는 겨자씨 비유와 함께 등장하는 가라지 비유를 통해 씨앗이 자라는 중에 가라지 같은 존재들이 함께 성장한다고 예견했다. 좋은 씨앗과 함께 가라지가 자란다. 우리가 사는 세상에 선과 악이 공존하는 이유이다. 가라지의 세력이 센 것 같아도 좋은 씨앗 역시 강력하게 자라간다. 그러다가 마침내 추수할 때를 맞는다. 겨자씨가 자라서 큰 나무를 이루듯 하나님나라도 확장되겠지만, 함께 자라는 가라지 같은 존재도 추수 때까지 함께 있을 것이다. 그 과정에서 밀과 가라지는 격렬하게 싸울 것이며, 추수 때가 이르면 가라지는 단으로 묶어 불태워 버리고 밀은 하나님의 곳간에 거두어들일 것이다. 즉, 마지막의 완성이 있을 것이고, 그때 악에 대한 궁극적 심판과 완전한 회복이 일어날 것이다.

예수께서 전하신 하나님나라를 짧은 지면에 다 소개할 수는 없었지만, 매우 중요한 세 가지 특성을 다루었다. 시작은 너무도 작다. 그다음에 악과 공존하는 성장 과정을 거치고, 결국에는 악에 대한 마지막 심판과 완전한 회복이 있다. 예수는 십자가에서 죽기 직전에 '감람산 설교'(마태복음 24-25장)를 통해, 당신께서 다시 올 마지막 날이 언제일지 모르니 깨어 있으라고 강력히 권고한다. 하나님나라는 이미 시작되어 성장하겠지만, 마지막 완성은 예수께서 다시 오실 때 이루어진다고 가르친다. 메시아이신 예수가 오셔서 시작된 회복의 역사는 '그때' 완성될 것이며, 깨어진 세상에서 불의에 희생되고 고통을 당했던 사람들의 눈물을 예수께서 깨끗이 닦아 주실 것이다. 메시아 예수는 이렇게 인간의 역사 속으로 오신 하나님이시다. 깨어진 세상을 심판하고 회복하기 위해 오셨고, 당신이 다스리는 나라를 시작해서 완성하고 계시며, 결국에는 완전하게 완성하실 분이 바로 메시아이신 예수이다.

신경안정제 예수 vs. 구세주 예수

많은 사람이 예수를 믿고 마음의 위로를 받고 평안을 얻는다고 이야기한다. 자신의 죄를 대신 지시고 돌아가실 만큼 자신을 특별히 사랑하시고 복 주시는 분이라며 찬양한다. 맞는 말이다. 그러나 우리를 위로하는 예수, 복 주시는 예수가 이야기의 전부가 아니다. 성경이 증언하는 예수는 하나님을 떠난 세상을 심판하고 회복하기 위해 오래전부터 약속되었던 메시아이다. 그는 인간의 역사 속에 오셔서 깨어지고 상한 세상을 심판하시고 회복하실 메시아이다. 그는 신경안정제가 아니라 세상을 구하는 분, 구세주救世主, Messiah이다. 이천 년 전에 겨자씨로 오신 예수는 지난 이천 년간 씨앗이 자라나는 가열찬 과정을 이끌어 오고 계시다. 예수 메시아를 믿고 하나님나라를 받아들인 사람이 하나님나라를 자신의 인생과 세상 속에서 살아 낼 때, 하나님 나라는 확장되어 간다. 겨자씨로 오셨던 예수는 오늘도 겨자씨만큼 작은 우리 한 사람 한 사람을 찾아오신다.

지금도 예수는 사람들을 찾아간다. 각 개인의 '카이로스'가 찼을 때, 바로 그때 예수께서 찾아가서 예수로 말미암아 하나님나라가 시작되었다는 메시지를 들려주신다. 깨어진 세상 속에서 문제의 한 부분이 되어 살아가고 있는 우리에게 하나님이 다스리는 하나님나라를 선포하시며 그 나라를 받아들이라고 도전하신다.

예수께서는 지난 이천 년간 쉬지 않고 일하시는 중이다. 십자가에서 죽은 예수가, 실패한 메시아라는 예수가, 후대 교회가 조작한 교주라는 예수가 이천 년 전에 평범 이하의 사람들을 찾아가신 것처럼, 지금도 사람들을 찾아가신다. 그리고 그들을 초대하신다. 이미 시작된 하나님나라로 들어가 깨어진 세상의 한 부분에서 벗어나라고, 깨어진 세상을 치유하고 회복하는 하나님을 먼저 경험하라고, 그리고 하나님과 함께 그 회복의 일에 동참하라고 촉구하신다. 이런 하나님에 관해 안 만큼 진실하게 반응하기를 원하신다.

하나님나라

1. 지금까지 '예수' 하면, 어떤 이미지가 떠올랐는가?

2. 예수가 전한 하나님나라는 하나님이 인간의 역사와 우리의 삶에 개입하신다는 소식이다. 하나님이 이런 방식으로 당신을 찾아오고 계신다는 이야기를 들을 때, 어떤 생각이 드는가?

3. 당신의 인생에서 지금이 하나님을 진지하게 생각해야 하는 그 "때"라고 생각하는가, 아니면 '지금'은 아니라고 생각하는가? 어떤 이유로 그렇게 생각하는가?

6

온전한
복음

하나님 없이도 잘 살 수 있다는 사람은 후회할 것은 있어도 회개할 것은 없다. 자기 모습을 직면하지 못하고 '나만큼만 살라고 해'라는 사람은 결코 하나님나라에 들어갈 수 없다. 하나님 없이 자신을 하나님 삼아 잘 살 수 있는 사람은 '자신의 나라'를 세우고 살면 된다. 이 이야기는 모든 인류를 향한다. 기독교는 죽음 너머만의 이야기도 아니며, 예수를 믿고 따르는 이들만의 이야기도 아니다. 지금 여기에서 당신은 어느 나라를 선택하겠는가.

성경 전체가 전하는 기독교는 단지 죽고 나서 천국 가는 길을 알려 주기 위한 것이 아니다. 험하고 지치는 세상살이에 마음의 평안을 얻고 위로를 얻는 방법도 아니다. 지극정성으로 신을 감동시켜서 소원하는 바를 얻어 내는 것도 아니다. 성경이 가르치는 중심 메시지는 내 개인을 위한 것도 아니며, 하나님에게 인격적으로 반응한 사람들만을 위한 것도 아니다. 그 메시지는 온 세상, 온 피조 세계를 향한 하나님의 뜻을 담고 있다. 세상에서 가장 큰 이야기는 바로 성경이 전하는 하나님나라 이야기이다. 다시 한 번 그 이야기를 정리하면 다음과 같다.

온전한 복음

세상에서 가장 큰 이야기
|

하나님이 세상을 창조하셨다. 하나님은 인간을 자신의 형상으로 지으시고는 자신을 대신하여 세상을 다스리라고 하셨다. 단 한 가지 조건은, 하나님 중심으로 사는 것이었다. 불행히도 인간은 자신의 인생 중심에서 하나님을 몰아내고 자기 자신이 그 중심이 되었다. 자신을 중심으로 살아가는 인간은 약육강식의 논리에서 벗어나지 못한다. 그결과, 인간의 삶과 사회는 고통과 슬픔으로 가득 찬다. 하나님은 이를 보시며 깨어진 세상을 심판하고 회복할 계획을 세우신다. 메시아를 보내셔서 하나님이 어떤 분인지 보여 주시고, 당신의 나라, 곧 하나님나라를 시작하셨다. 메시아이신 예수가 오신 이후 하나님나라는 겨자씨가 자라듯 커지고 있다. 안팎으로 가라지의 공격이 있지만, 굴하지 않고 하나님나라는 지금도 가열차게 전개되고 있다. 마지막 날에 메시아이신 예수께서 다시 오셔서 악을 완전히 지워 없애 버리고 온 피조 세계를 완전하게 회복하실 것이다. 이것이 성경의 메시지이다.

성경은 우리에게 도전한다. "이 이야기의 한 부분이 될 것인가, 아닌가?" 단지 나 하나 구원받고 마음의 위로를 얻고 소원을 성취한다는 이야기는 기독교의 메시지를 너무 축소한 것이다. 성경의 예수가 도전하는 내용은 깨어지고 상한 세상의 한 부분으로 살아갈 것인지, 아니면 이런 세상을 회복하고 치유하고 계시는 하나님의 편에 서서, 그의 다스림 아래에서 온전한 회복을 기다리며 의연하게 살아갈 것인지를 선택하라는 것이다. 예수께서 우리 각자를 찾아오셔서 선포하고 가르치신 하나님나라에 어떻게 반응할지가 우리의 과제이다.

"회개하고"

하나님나라가 가까이 왔다고 선포한 예수가 우리에게 요청하는 반응이 회개이다. 많은 사람이 회개를 후회와 혼동한다. 후회는 자신의 행위나 삶에서 잘못된 점을 인정하고 뉘우치는 것이다. 인정과 뉘우침은 감정적 반응을 동반하기도 해서 깊은 눈물과 탄식이 따라오기도 한다. 그러나 이러한 진실하고 처절한 후회가 성경에서 이야기하는 회개는 아니다. 구약의 이스라엘이 하나님을 떠났을 때 하나님은 끊임없이 그들에게 회개하라고 요청하셨는데, 그 회개의 중심 개념은 '돌아오라'였다. 즉, 하나님을 떠나 자기

온전한 복음

가 주인이 되어 살던 방식과 자세를 버리고 하나님 중심의 삶으로 돌아오라는 것이었다. 그것이 회개이다. 수많은 사람이 눈물을 흘리는 회개를 해도 변하지 않는다고 말하는데, 이는 대부분 후회의 선을 넘지 않은 감정적 동요였기 때문일 가능성이 크다.

회개란 하나님나라가 메시아 예수로 말미암아 시작되었다는 사실을 깨닫고, 나 중심으로 사는 어리석음과 위험성을 발견하고는 하나님께로 돌아서는 것이다. 윤리적 규범이나 사회적 규율 몇 가지를 어겼다고 뉘우치는 정도가 아니다. 현대인은 법률의 강력하고 세세한 강제력 때문에 불법이나 위법적인 행동을 선뜻 못 한다. 대부분 선량한 시민으로 살 수밖에 없다. 다른 사람과 비교해서 큰 죄를 지은 게 없으니 회개할 것이 없다고 생각하는 사람도 있다. 그저 약간의 거짓말, 야한 동영상을 본 것 정도라서 회개까지 할 것은 별로 없다고 생각하기도 한다. 회개의 본질은 "제가 이제까지 하나님 없이 살았습니다. 하나님이 주인인데, 하나님이 이 세상을 만드셨고 나도 만드셨고 인류 역사와 우주 전체를 관장하고 계시는데, 그 하나님을 무시하고 제멋대로 살았습니다. 제가 가고 있는 인생의 방향이 잘못되었네요. 이것을 인정하고 이제 돌아서겠습니다"라며, 하나님을 향해 유턴U-Turn하는 것이다. "세상에 속해서 어쩔 수 없이, 하나님 없는 세상 방식대로 살았습니다. 그래서 저도 망가졌고, 제 주변의 사랑하는 사람들도 망가뜨렸고, 제가 속한 사회에서 불의와 부조리의 일부가 되었고, 때로는 다른 이웃을 직간접적으로 망가뜨리기도 했고, 저 역시 당하기도 했습니다. 이렇게 주고받으면서 헝클어져 가면서 여기까지 왔습니다"라고 인정하는 것이 회개의 출발점이다.

하나님 없이도 인생을 잘 살 수 있다고 생각하는 사람은 후회할 것은 있어도 회개할 것은 없다. 깨어진 세상에 살면서 어쩔 수 없는 자기 모습을 직면하지 못하고, '나만큼만 살라고 해'라는 자세로 사는 사람은 결코 하나님나라에 들어갈 수 없다. 하나님 없이 자신을 하나님 삼아 잘 살 수 있는 사람은 그렇게 '자신의 나라'를 세우면서 살면 된다. 그들에게는 깨어진 세상을 심판하고 회복하러 오신 메시아 예수와 그의 새로운 나라인 하나님나라는 필요하지 않다. 그러나 자신이 주인이 되어 살았던 삶의 한계와 문제, 잠재적 위험을 솔직하게 인정하면, 자기 속을 들여다보며 이기적이고 뻔뻔하며 어떨 때는 참 비겁하기까지 한 면을 발견하면, 자신의 삶이 해결책의 한 부분이 아니라 문제의

온전한 복음

한 부분이거나 문제를 계속 일으키는 현상 유지의 한 부분임을 알면, 그리고 이런 사실들을 진실하게 직면하면, 그때야 회개할 수 있다.

진정한 회개에 열매가 맺히는 이유는, 회개가 단지 몇 가지 윤리적 문제를 개선하고 좀 더 고상하게 사는 것을 넘어서는 인생의 방향 전환이기 때문이다. 방향 전환이 당장 많은 면에서 변화를 가져오지는 않지만, 시간이 지남에 따라 변화의 열매가 맺힌다. 20-30년을, 어떤 경우는 40-50년을 하나님을 등지고 자신과 세상을 추구하며 살던 사람이, 하나님나라가 시작되었다는 사실을 발견하고는 하나님 중심으로 살겠다고 돌아선다고 한들, 그동안 살아오며 헝클어졌던 것들이 단박에 해결되지 않으리라는 것은 불 보듯 분명하다. 헝클어졌던 삶을 새로운 인생의 축에 의지해 하나씩 풀어 가려면 하나님 없이 살아온, 하나님을 두려워하지 않았던 세월이 길수록 더 긴 시간이 필요하다. 인생과 인격에 하나님의 선한 다스림이 열매로 나타나기까지는 시간이 필요하지만, 최초의 방향 전환은 꼭 필요하다. 이것이 바로 회개이다.

방향 전환에 따르는 문제

|

자신이 중심인 인생이 아니라 하나님이 중심인 삶으로 방향을 전환하는 것은 위대한 결단이다. 그러나 여기에 문제가 있다. 먼저 나의 결단을 믿을 수 있는가이다. 우리 의지력이 얼마나 약하고 우리 마음이 얼마나 간사한지는 우리가 잘 안다. '다이어트는 늘 내일부터'가 우리의 일반적 모습이다. '내일부터는 화를 좀 덜 내야지'라고 결정하지만, 또다시 후회한다. 식사 조절조차 제대로 못 하는 우리가 '너의 인생은 너의 것이야. 네가 제일 중요해. 너를 위해 살아. 너는 그럴 만한 가치가 있어'라고 끊임없이 세뇌하는 세상에서 눈에 보이지도 않는 하나님을 중심으로 살겠다고 돌아서는 결단을 한들, 제대로 유지할 수 있을지가 첫 번째 문제이다.

그러나 이보다 더 큰 문제가 있다. '내가 방향을 전환해서 돌아선들, 하나님이 나를 받아 주실 것인가'이다. 하나님이 내 친구도 동창도 놀이터도 아닌데, 내가 마음먹고 돌아선다고 그분이 받아 주시겠는가? 실제로 방향 전환을 심각하게 숙고하고 하나님나라를 향해 돌아서면서 가장 먼저 발견하는 것은 회복의 메시지가 아니다. 구약성경의

온전한 복음

선지자들이 늘 메시아가 올 때는 심판이 먼저 있고 그 이후에 회복이 있다고 예고했다. 하나님이 깨어진 세상에 개입하셨다는 것은 세상을 심판하기 시작했다는 것이다. 하나님을 향해 돌아섰을 때, 내게 쏟아져 내려올 심판이 먼저 눈에 들어오는 것이 정상이다. 당장 약자들에게 갑질한 사람이 떠오르고, 한국 근현대사에서 못된 짓을 한 개인과 나라들이 떠오르고, 늘 신문을 장식하는 유전무죄인 자들이 떠오르면서, 하나님이 이들을 심판하겠구나 하는 생각이 들지 모른다. 그러나 일본이 우리나라에 한 못된 짓은 기억하면서도 우리가 저질렀던 만행에는 이데올로기의 이름으로 동족에게 어쩔 수 없었다고 눈을 감듯이, 우리는 우리 자신이 심판받는 세상에 속했다는 사실과 우리도 심판받을 그들과 별로 다르지 않다는 사실은 직면하지 않는다.

그러나 곰곰히 생각해 보라. 사회생활을 해 본 사람이라면 세상에서 살아남기 위해 자신의 양심과 가치관에 반하는 행동을 해야 했던 때가 떠오를지 모른다. 조금 더 자신을 성찰하면 자신의 유익을 위해 공공의 이익을 저버리거나 이웃에게 해가 되는 언행을 했던 일도 기억난다. 물론 상황이 좋을 때 우리는 일반적으로 착하지만, 나 자신이나 내 가족의 이익이 달렸을 때는 양심의 가책마저 합리화하곤 한다. 하나님을 향해 방향 전환한 사람에게 하나님나라가 시작되었다는 소식은 결코 좋은 소식good news만은 아니다. 오히려 나쁜 소식bad news이다. 악한 세상과 함께 나 자신도 심판의 대상이기 때문이다.

성경의 하나님은 정의의 하나님이다. 사랑의 하나님만 되뇌는 많은 그리스도인에게는 익숙하지 않을 수 있지만, 하나님은 악이나 불의와는 공존할 수 없는 분이다. 한 선지자는 이렇게 선언한다.

> 주님께서는 눈이 맑으시므로, 악을 보시고 참지 못하시며, 패역을 보고 그냥 계시지 못하시는 분입니다(하박국 1:13).

하나님의 눈은 너무 맑아서 악을 차마 보지 못하신다. 세상 속에 있는 악은 물론 우리 속에 있는 악을 그냥 지나칠 수 없는 분이시다. 우리의 어떤 합리화도 하나님의 맑은 눈을 피할 수는 없다. 사람들은 하나님을 착한 할아버지 정도로 생각한다. 그러나 성경의 하나님은 불의를 차마 보지 못하시는 분이다. 그러니 하나님을 향해 돌아서서 하나님나라가 시작된 것을 볼 때, 불의와 악을 심판하시는

온전한 복음

하나님 앞에 섰을 때, 두려움 가운데 깨닫는다. 우리도 하나님의 심판 대상이구나! 악한 세상 속에서 비겁하게 때로는 교활하게 합리화하며 악의 한 부분으로 살았던 자신을 발견한다. 이를 인정하는 것은 불쾌하고 불편한 일이나, 그 사실 앞에 진실하게 설 수밖에 없다. 그렇다면 우리의 회개, 곧 하나님을 향해 돌아서는 것은 불가능한가?

"복음을 믿어라"
|

하나님나라가 시작되었다는 소식은 깨어진 세상과 그 속에서 한 부분이 되어 살아가고 있는 우리에게는 나쁜 소식이다. 절대 좋은 소식이 아니다. 하나님나라가 가까이 왔다는 것은 학기말 시험이 다가왔다는 소식과 같고, 심판의 날이 도래했다는 것과 같기 때문이다. 그런데 예수는 바로 이어서 복음, 곧 좋은 소식이 있으니 그 소식을 믿으라고 한다. 무엇이 복음인가? 기다리던 메시아는 오셔서 깨어진 세상을 회복하시겠지만, 그 이전에 먼저 심판을 해야 한다. 눈이 맑아 악을 차마 보지 못하시는 하나님께서는 이 세상을 심판하셔야 한다. 이 심판은 누구도 피할 수 없다. 그런데 이 심판을 우리 대신 받은 분이 있다. 그분이 바로 세상

을 심판하러 오신 메시아 예수이다! 세상을 심판하러 오신 예수께서 세상을 살리기 위해, 세상 사람들을 사랑하셔서, 인간이 당해야 할 심판을 대신 받으시며 정의로운 대가를 치른 것이다. 이 놀라운 이야기가 복음이다!

예수께서는 이 땅에 오셔서 자신을 통해 하나님이 어떤 분인지 보여 주시며 처음부터 끝까지 하나님나라를 가르치셨고, 하나님나라가 임했을 때 일어나는 온전한 회복이 무엇인지를 그의 사역을 통해 보여 주셨다. 그런데 그 사역이 정점에 이르렀을 때 십자가에서 죽임을 당한다. 예수를 증언한 사복음서를 읽어 보면, 생애 마지막 부분에 죽기를 결단하는 예수의 모습이 선명하게 나타난다. 예수께서는 살 수 있는 모든 길을 거절하고 죽는 길을 택하셨다. 사복음서도 그의 생애 마지막 일주일, 고난받고 죽임을 당하는 내용에 삼분의 일에서 사분의 일의 분량을 할애한다. 세상을 심판하러 오신 메시아가 죽임을 당하는 내용이 사복음서의 주요 내용이다. 왜 예수는 죽어야만 했을까? 죄인을 향해 쏟아지는 하나님의 심판을, 우리가 방향 전환을 하고 돌아섰을 때 직면하게 되는 심판을 우리에게서 거두시려고 대신 죽으신 것이다.

인자는 섬김을 받으러 온 것이 아니라 섬기러 왔으며, 많은 사람을 구원하기 위하여 치를 몸값으로 자기 목숨을 내주러 왔다(마가복음 10:45).

예수께서는 섬김을 받으러 세상에 온 것이 아니라고 말씀한다. 추앙받고 섬김을 받기 위해서가 아니라 많은 사람을 구원하기 위한 몸값으로 자신의 목숨을 내주러 왔다고 선명하게 선언한다. 예수의 생명은 우리의 몸값이었다. 하나님을 무시하고 자기중심으로 사는 반역의 죄를 저지른 우리는 심판의 대가로 우리 자신의 몸값을 지불해야 하는데, 심판하러 오신 메시아가 지불할 능력이 없는 우리를 대신해서 몸값을 지불했다는 것이 성경의 주장이다. 이것이 우리에게 '복음,' 곧 좋은 소식이다.

하나님은 사랑의 하나님이시다. 그래서 많은 사람이 잘 아는 요한복음 3장 16절은 다음과 같이 선언한다.

하나님께서 세상을 이처럼 사랑하셔서 외아들을 주셨으니, 이는 그를 믿는 사람마다 멸망하지 않고 영생을 얻게 하려는 것이다(요 3:16).

하나님이 자신의 외아들을 메시아로 보내서 죽게 하신 이유는 우리를 살리기 위한 것이었지만, 동시에 하나님의 정의를 이루기 위해서였다. 정의 위에 사랑이 존재한다. 굴곡진 한국 근대사가 부끄러운 역사로 남고, 그 영향이 오늘날까지 이어지는 이유는 한국 사회에 정의가 세워지지 않았기 때문이다. 정의가 없는 사랑은 무용지물이다. 또한 사랑이 없는 정의는 칼날과 같다. 하나님은 인간을 사랑하시지만 동시에 정의로우셔서, 그들에게 쏟아질 수밖에 없는 심판을 사랑하는 아들인 메시아 예수에게 대신 지게 하신 것이다. 예수의 십자가에서 하나님의 가장 중요한 성품인 사랑과 정의가 완벽한 형태로 나타난다.

하나님의 정의

|

하나님의 정의는 하나님이 만드신 세상의 기초이다. 사람들은 선명하지는 않아도 정의의 개념을 가지고 있어서 불의한 일을 당하거나 목격할 때 의분을 느낀다. 우리는 개인적인 일부터 사회적이고 역사적인 일에 이르기까지 불의를 없었던 일로 치고 무조건 용서하지는 않는다. 세상에 가장 큰 불의가 있다면, 그것은 우주와 세상과 인생의 주

인이신 하나님을 무시한 것이다. 이 엄청난 불의의 대가를 인간 스스로는 질 수가 없어서, 하나님은 정의로운 원칙을 지키며 사랑하는 사람들을 살릴 수 있는 유일한 길을 찾는다. 바로 메시아에게 인간의 불의를 대신 지게 하신 것이다.

예수의 제자 중 하나였던 베드로는 베드로전서 2장 24절에서 이를 잘 설명하고 있다.

> 그는 우리 죄를 자기의 몸에 몸소 지시고서, 나무에 달리셨습니다. 그것은, 우리가 죄에는 죽고 의에는 살게 하시려는 것이었습니다(베드로전서 2:24).

예수께서 십자가에서 죽으신 이유는 우리 죄, 곧 우리의 자기중심성의 대가를 몸소 지기 위해서였다. 그 결과 우리는 죄에는 죽고 의에는 살게 되었다. 죄는 다시 말하지만, 하나님 없이 살아가는 삶의 방식이며 내적 자세이다. 예수께서 죽으심으로 성취한 결과는 하나님 없이 사는 삶의 방식에 대해 우리가 죽은 것이다. 자기중심적 삶과는 무관하게 살 수 있게 된 것이다. 그렇다면 의에 대해 산다는 것은 무엇일까? 의는 하나님께서 인정하셔서 하나님과 살아 있는 관계를 맺는 것이다. 그러므로 의에 대해 살았다는 것은 이제 하나님 중심으로 살 수 있다는 것이다. 자기중심적 삶에는 죽고 하나님 중심적 삶에는 사는 것이 바로 하나님나라에 들어가는 것이다. 이 놀라운 축복을 위해 예수께서 대신 죽으셨다.

그렇지만 죽으실 필요까지 있었을까? 베드로 사도는 이에 대해 다음과 같이 말한다.

> 그리스도께서도 죄를 사하시려고 단 한 번 죽으셨습니다. 곧 의인이 불의한 사람을 위하여 죽으신 것입니다. 그것은 그가 육으로는 죽임을 당하시고 영으로는 살리심을 받으셔서 여러분을 하나님 앞으로 인도하시려는 것입니다(베드로전서 3:18).

예수가 죽으신 이유는 사랑의 모범이나 비폭력 저항을 보여 주기 위한 것이 아니었다. "그리스도께서도 죄를 사하시려고 단 한 번 죽으셨습니다"라는 표현은 "메시아께서 인간의 자기중심성으로 인한 심각한 문제를 해결하기 위해 역사 속에서 실제로 죽으셨습니다"라는 뜻이다. 하나님을 무시하면서 훼손되고 망가져 가는 인간들이 하나님

온전한 복음

앞으로 갈 수 있게 하려고, 그리하여 하나님의 다스림을 받으며 살 수 있게 하려고, 예수는 인간의 역사 속에 오셔서 죽으신 것이다. 잘못된 것, 불의한 것에 대해서는 대가를 지불해야 한다. 이것이 정의의 가장 기본적인 개념이다. 죄에는 마땅한 처벌이 따라야 한다. 죄를 속하려면 정의로운 대가를 지불해야 한다. 이것이 정의이다. 예수의 죽으심은 하나님의 정의를 만족시킴으로, 우리를 죽을 수밖에 없게 했던 우리 죄를 지워 없애고 용서받게 하셨다. 하나님의 정의를 이루시려 십자가에서 죽으시고 부활하신 메시아 예수로 인해 우리는 하나님 앞으로 인도를 받는다. 하나님을 무시하고 자기 소견에 옳은 대로 살아가던 사람도 회개하고 예수 메시아의 복음을 믿으면, 하나님의 존전에서 살 수 있는 복, 곧 하나님 중심의 삶을 누리게 된다.

하나님의 사랑

|

이렇게까지 정의를 이루며 십자가에 죽으신 메시아 예수 속에서, 우리가 발견하는 것은 우리를 향한 하나님의 극진하신 사랑이다.

> 그러나 우리가 아직 죄인이었을 때에, 그리스도께서
> 우리를 위하여 죽으셨습니다. 이리하여 하나님께서
> 는 우리들에 대한 자기의 사랑을 실증하셨습니다(로
> 마서 5:8).

우리가 아직 죄인이었을 때, 하나님을 등지고 자기중심적으로 살고 있을 때, 메시아께서 오셔서 우리가 죽어야 할 자리에서 대신 죽으셨다. 이로써 하나님은 우리를 향한 자신의 사랑이 어떠한지를 드러내 보이셨다. 단지 피조물에 불과한 인간을 위해, 그것도 자신을 무시하고 스스로 신이 되려고 죽은 우상을 섬기는 어리석은 인간을 살리기 위해, 정의로운 대가를, 그들이 감당하기 힘든 값비싼 대가를 지불하신 하나님. 그 하나님을 볼 때마다 인간을 향하신 그 사랑의 크기에 압도당한다. 도대체 인간이 무엇이기에, 하나님이 자기 아들을 희생하면서까지 살리려 한단 말인가? 그래서 바울 사도도 감격하여 외친다. 하나님의 사랑이 확증되었다고!

진정한 그리스도인과 유사 그리스도인을 구별하는 길이 있다면, 그것은 십자가에 나타난 하나님의 사랑에 대한 반응과 자세일 것이다. 하나님의 사랑을 받아 하나님나라

온전한 복음

의 백성이 된 지 오래된 사람도 세월이 지날수록 하나님의 큰 사랑에 감격한다. 자신이 그렇게까지 사랑받을 존재인지에 대한 여전한 감격이 있다. 어떤 이들은 그 사랑이 이해할 수 없을 정도로 크다고 고백한다. "전 지금도 다 이해 못 해요. 하나님이 나를 위해서 죽다니요! 우주를 지으신 하나님이, 지구 땅덩어리 하나 살리기 위해서 죽는다고 해도 말이 안 되는데, 그 지구 위에 먼지 같은 나, 다른 사람들에게 때때로 무시당하기도 하고 함부로 여겨지는 나, 그런 나를 위해서 죽으신다고요?" 이것이 기독교의 본질적 메시지이다. 기독교를 문화나 교육으로 받아들인 사람에게는 이러한 감격이 없다. 단지 지적으로 기독교의 진리에 동의한 사람에게도 이런 깊은 감사는 없다.

그러나 천지를 지으신 하나님이 인간을 위해서, 누구보다 나를 대신해 죽으셨다는 사실을 진심으로 받아들인다는 것은 놀라운 복이다. 우리가 지불할 수 없는 죄의 대가를 그 존귀하신 분이 대신 지시며, 우리를 하나님 앞에서 산 자로 만들려고 하셨다는 사실은 너무 커서 인간의 머리로는 이해하기 힘든 하나님의 사랑이다. 이러한 사랑을 어렴풋이라도 깨닫고 그 사랑을 받기 시작한 사람은 변한다. 사람이 변하는 때는 사랑을 받을 때이다. 부모나 친구,

연인이나 배우자의 사랑을 받을 때 사람은 변한다. 하물며 절대적이며 극진하신 하나님의 사랑을 받을 때 어떤 일이 벌어지겠는가? 하나님은 정의 위에 세워진 사랑으로 사람을 변화시킨다. 우리는 자기중심적이고 표리부동하고 우유부단하고 악과 잘 타협하고 결단력이 없다. 이런 우리가 변화할 수 있는 단 하나의 이유는 무조건적 사랑이 있기 때문이다.

우리가 하나님을 향해 돌아설지라도 우리의 결단을 믿을 수 없고, 또한 돌아선들 하나님 앞에 나아갈 자격이 우리한테 있겠느냐고 질문했었다. 우리가 하나님나라에 들어갈 수 있는 길을 여신 분이 메시아이신 예수이다. 그는 이 땅에 심판하러 오셔서, 그 심판을 자신이 받으셨다. 우리는 자격이 없지만, 그가 하나님의 정의를 만족시켰으므로, 그를 의지해서 하나님나라에 들어간다. 하나님나라에 들어가 하나님 중심의 삶을 살아 낼 자신이 없지만, 그의 사랑이 너무 커서 그 큰 사랑이 우리를 처음부터 끝까지 지키실 것을 믿는다. 하나님나라에 들어가면서, 자신이 이제 하나님나라의 일꾼으로 멋지게 하나님과 동역할 자신이 있다고 말하는 사람은 하나도 없다. 나같이 부족한 자가 과연 하나님 앞에서 한 방향 전환의 결단을 제대로 지

온전한 복음

켜 내고, 다시 자기중심의 세상으로 돌아가지 않고 끝까지 이 길을 갈 수 있을지 자신이 없는 것이 오히려 당연하다. 들어갈 수도, 살아 낼 수도 없는 하나님나라에 우리를 들어가게 한 것이 바로 '복음'이다.

믿음, 우리에게 결정적으로 필요한 것

하나님나라에 관한 소식을 듣고 방향을 전환하고 기쁜 소식인 '복음'을 들었을 때, 우리에게 필요한 것은 무엇일까? 예수께서는 이 복음을 믿으라고 선포하신다. 우리에게 필요한 것은 치성도 의지력도 정신력도 어떤 선한 행위도 아니며, 종교적 행위조차 필요 없다. 하나님에 관해 안 만큼 진실하게 반응하는 것만이 필요하다. 아브라함이 하나님의 부르심을 받았을 때 보여 주었던 삶의 자세가 우리에게 필요하다. 깨달은 만큼 진실하게 하나님께 반응하는 것! 이 원리가 너무나 중요해서 사도 바울은 그의 대작이라 할 수 있는 로마서에서 다음과 같이 선언한다.

> 복음에는 하나님의 의가 나타나서 믿음으로 믿음에
> 이르게 하나니 기록된 바 오직 의인은 믿음으로 말미

암아 살리라 함과 같으니라(로마서 1:17, 개역개정).

복음을 통해서, 하나님이 우리를 의롭다고 여겨 주시는, 곧 하나님 앞에서 정죄 받지 않고 살아나 하나님 중심으로 살 수 있는 '하나님의 의'가 나타난다. 이 복음을 전인격적으로 받아들이는 반응이 믿음이다. 믿음으로 믿음에 이른다는 표현은, 하나님의 의를 누리는 것이 믿음으로 시작하여 끝까지 믿음으로 가능하다는 것이다. 인간이 하나님을 향해서 할 수 있는 것은, 초기에 하나님에 관한 깨달음이 적을 때도 믿음으로 반응하는 것이요, 더욱더 하나님을 알아가면서도 여전히 믿음으로 반응하는 것이다. 이때, 하나님의 의, 곧 하나님 중심적인 삶이 점점 우리 속에서 선명하게 드러난다. 유교적이거나 사회 윤리적 차원의 의인이 아니라, 하나님에게 의롭다는 선언을 받을 수 있는 의인으로 살 수 있는 원리가 믿음인 것이다.

이 시점에서 당신에게 결정적으로 필요한 것은 다른 것이 아니라, 하나님이 당신을 위해 하신 일들에 대한 진실한 반응, 곧 믿음이다. 믿음은 내가 믿고 싶은 것이 아니라 복음을 믿는 것이다. 하나님께서 당신을 위해, 세상을 위해 하신 일에 인격적으로 반응하는 것이다. 이 책에서 지금까지 이야기한 내용을 정리하면 다음과 같다.

1. 하나님의 세상 창조: 하나님이 세상을 인격적으로 창조하셨다. 하나님은 세상을 만들 때 인간을 동물 중 하나가 아니라, 하나님과 인격적 관계를 맺고 하나님의 주권을 인정할 수 있는, 그래서 하나님의 다스림하에서 세상을 다스릴 수 있는 독특한 존재로 만드셨다.

2. 인간의 죄: 인간은 하나님을 몰아내고 자기가 주인이 되었기 때문에 하나님과의 관계에서 끊어졌고, 인간의 자기중심성은 개인과 사회, 더 나아가 생태계에 이르기까지 모든 것을 깨뜨리고 있다.

3. 메시아 예수: 예수 메시아가 인간의 가장 본질적 문제인 하나님과의 관계를 회복하기 위해 오셨다. 그는 하나님나라를 가르치셨고, 자신의 죽으심과 부활을 통해서 하나님나라를 이 세상에 시작하셨다. 예수 메시아의 죽음은 타협할 수 없는 하나님의 정의와 지극한 하나님의 사랑을 보여 준다.

4. 회개와 믿음: 자기중심적 삶에서 하나님께로 돌아서는 것이 회개이다. 돌아선 자가 메시아 예수를 통해 주어지는 하나님나라를 받아들이는 것이 믿음이다. 내게 아무런 자격이 없지만, 나를 사랑하시고 세상을 변화시키고 계신 메시아 예수가 내가 지불해야 할 나의 몸값을 대신 지불하셨음을 믿을 때, 우리는 하나님나라에 속한 백성이 된다.

우리가 하나님나라에 들어가는 것을 성경은 다양하게 표현한다. "하나님의 자녀가 된다", "구원을 받았다", "거듭난다" 등등. 이 놀라운 복은 하나님이 거저 주시는 하나님의 선물을 수용할 때 얻어진다. 하나님나라에 들어가는 자격이 있다면, 그것은 자신의 자격 없음을 인정하고 하나님의 선물을 믿음으로 받아들이는 것이다. 물론, 이를 위해서는 하나님께서 우리를 위해 하신 일을 제대로 들어야 한다. 들을 뿐 아니라, 그 내용이 자신과 자신이 사는 세상을 진실하게 해석해 주는지 진실하게 질문해야 한다. 그리고 과연 그렇다면, 하나님에 관해 이제 막 깨달아가는 수준이라 해도, 깨달은 만큼 하나님 앞에서 진실하게 반응하는 것이 필요하다.

온전한 복음

하나님나라의 도전

|

성경의 예수는 죽음을 두려워하는 사람에게 단지 죽으면 천국에 가게 해 주겠다고 하지 않는다. 그는 가장 먼저, 깨어진 세상의 원인이 하나님을 잃어버린 데 있다고 진단하고, 깨어지고 상한 세상 속에서 그 세상과 함께 뒹굴면서 자신과 주변 사람과 세상을 망가뜨리며 살 것이냐고 우리에게 질문한다. 하나님을 배신한 대가로 심판을 받을 수밖에 없는 우리에게 메시아이신 예수 자신이 직접 그 대가를 지불했다고 말씀하신다. 하나님나라는 죽어서 가는 곳이 아니라, 메시아이신 예수 자신이 이 세상에 와서 십자가에서 죽고 부활함으로 이미 시작되었다고 선언하신다. 이제 예수는 당신에게 도전한다. 어느 나라에 속해서 남은 인생을 살 것이냐고? 하나님나라인가, 세상의 나라인가?

사람들은 우연히 태어나서 우연 속에 살다가 어느 날 우연히 죽는다고 생각한다. 그러나 하나님은 하나님의 형상으로 지어진 당신을 향한 놀라운 사랑과 놀라운 뜻이 있다고 말씀하신다. 남은 인생을 이런 하나님 없이 우연의 연속 속에 살다가 어느 날 흙으로 돌아갈 것인지를 당신은 결단해야 한다. 최초의 방향 전환은 인생의 오리엔테이션을 바꾼다. 그리고 변화는 인생 전체를 통해서 이루어진다. 당신을 극진하게 사랑하시는 하나님이 존재한다면, 인생은 그 하나님을 알아가는 과정이다. 하나님을 알아가는 만큼 당신은 믿음으로 반응한다. 안 만큼 믿게 되고, 믿은 만큼 당신의 삶은 변화한다.

하나님에 대한 이해는 나와 세상에 대한 더욱 선명한 이해를 가져다주고, 생수의 근원을 다시 찾았으니 당신의 삶은 점점 더 풍성해질 것이다. 비록 하나님나라가 완전히 임할 날을 기다리며 여전히 인간중심의 세상에서 살고 있으므로, 인생살이의 어려움과 악한 일들은 피할 수 없다. 그러나 하나님을 알수록 고통과 역경과 악한 일에 무릎 꿇거나 타협하지 않고 살아가는 내면의 힘이 점점 더 강화된다. 세월이 흐를수록 더욱 든든히 믿음으로 산다면, 하나님나라의 백성답게, 하나님의 자녀답게 하나님의 형상이 당신 속에서 회복될 것이다. 이것이 인생이라고 성경은 말한다.

죽으면 천국 간다는 달짝지근한 이야기를 전해 주려고 예수께서 십자가에 돌아가신 것이 아니다. 깨어지고 상한 세상을 온전히 회복하려고, 하나님나라를 이 세상에서 시작하려고, 당신을 그 나라에 들어가게 하려고, 그리고 그

온전한 복음

나라를 위해 당신의 남은 인생이 쓰일 수 있게 하려고 십자가에서 죽으신 것이다. 당신이 받아들이든 받아들이지 않든 예수의 하나님나라는 시작되었고, 지난 이천 년간 가열차게 진행되고 있다. 하나님나라의 도전에 당신은 어떻게 응답할 것인가?

1. 당신의 인생과 세상을 정직하게 바라볼 때, 지금까지 걸
어온 길에서 멈춰 서서 유턴, 곧 방향 전환할 필요가 있다
고 생각하는가?

2. 예수의 죽음 속에 어떻게 하나님의 사랑과 정의가 나타
났는가?

3. 믿음은 하나님에 관해 안 만큼 진실하게 받아들이는 것
이다. 그렇다면, 예수의 핵심적인 가르침에 대한 당신의 인
격적 반응은 무엇인가? 당신은 무엇을 믿고 싶은가?

온전한 복음

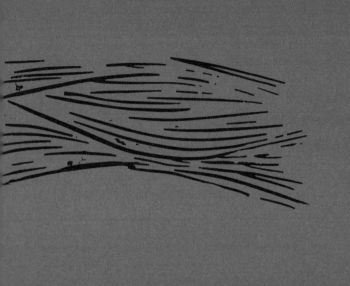

7

진정한
회심

우리가 사는 세상을 어떻게 바라보는지가 결국 우리 인생을 결정짓는다. 당신이 보기에 세상은 어떤 곳인가? 그런데, 정작 어려운 것은 그다음이다. 세상을 비판하기는 쉽다. 문제를 알아채는 것은 약간의 지식과 비판력이 있으면 그리 어려운 일도 아니다. 정말 어려운 일은 나도 그런 세상의 일부라는 사실을 직면하는 것이다.

하나님나라의 도전을 받아들인다는 것은 인생의 방향을 전환한다는 뜻이다. 하나님을 믿고 교회에 나가겠다고 마음먹는 정도에 머무를 수 없다. 지금까지 살아오던 방식을 재고하고 새로운 기반 위에 서는 것이다. 즉, 우리가 살고 있는 이 깨어진 세상을 결국에는 심판하시고 회복하시는 하나님 편에 서는 것이다. 그러므로 하나님을 받아들이는 결단은 죽어서 갈 천국을 보장받는 속칭 '구원의 확신'을 넘어선다. 하나님나라의 도전을 진실하게 받아들인다는 것은 하나님을 향해 돌아선다는 것이다. 깨어진 세상의 한 부분으로 살기를 거부하고 그 세상을 회복하려는 하나님 편에 서는 삶의 방식을 택하는 것이며, 이것이 진정한

진정한 회심

회심이다. 결국, 기독교의 본질적 메시지는 깨어진 세상 속에서 어떻게 살 것인가와 잇닿아 있다.

난세에 어떻게 살 것인가?
|

1994년 아카데미 작품상은 스티븐 스필버그가 감독하고 리암 니슨이 주연을 맡은 〈쉰들러 리스트 Schindler's List〉에게 돌아갔다. 개봉 이후 〈쉰들러 리스트〉는 할리우드 고전의 반열에 오르며 많은 사람에게 눈물과 감동을 선사했다. 주인공 오스카 쉰들러는 나치 치하에서 날로 번창했던 독일인 사업가였다. 처음에는 양심의 가책 없이 유대인을 이용해 축재했지만, 끔찍한 난세를 직면한 다음에는 자신의 재산을 이용해 1,100여 명의 유대인을 살린다. 이 영화는 유대인에게 가해지는 폭력과 즉결심판, 집단 수용소 내 만행과 학살 장면을 흑백으로 그려 내 잔인함과 폭력성을 잠잠하게 전달하는데, 오히려 그 점이 관객을 더 깊은 공포와 분노, 무기력과 허탈감에 빠뜨린다.

　나치 시절에 인간이 얼마나 잔인했는지를 상상하기란 쉽지 않다. 한 인간이 다른 인간을 괴롭히고 불의를 행하는 것도 공분을 살 일인데, 한 집단이 다른 집단을 몰살하는 만행이 어떻게 가능한지…. 직접 실행하는 군인뿐 아니라, 이에 협조하는 정부 관리, 선동하는 정치인, 그리고 침묵으로 동조하는 교회와 그리스도인까지. 결국 수용소에서의 절멸, 집단 총살, 기아로 인해 나치 시절에 유대인 600만 명가량이 죽었다고 추정된다. 아름다운 음악을 작곡하고 위대한 소설을 쓰고 인류 문명사에 중요한 사상가를 배출했던 독일인이 어떻게 이렇게 잔인무도할 수 있었을까? 어떻게 인간이 이렇게 집단으로, 개인으로 잔인할 수 있었을까?

이런 잔혹성은 나치와 그에 동조한 독일인만의 일은 아니다. 일본 역시 우리나라를 비롯해 동남아시아에서 말할 수 없이 끔찍한 만행을 저질렀다. 아직도 일본 정부는 위안부나 강제노역 등으로 희생된 분들과 그와 관련한 과거사에 대해 제대로 반성하거나 걸맞은 후속 조치를 하지 않고 있다. 우리 국민은 만행을 저질렀던 과거 군국주의 일본뿐 아니라, 이에 무관심한 현재 일본 정부와 일부 일본인에게 분통을 터뜨린다. 그러나 우리 역시 근현대사 곳곳에 부끄러운 흔적들을 남겼다. 동족 간에 이념이 다르다는 이유로 밤낮 가리지 않고 살상을 저질렀던, 슬프고 고통스러운 상흔이 그리 멀지 않은 우리의 역사 속에 존재한다.

진정한 회심

또한 세계 곳곳에서는 지금도 전쟁에 얽힌 끔찍한 일들이 일어나고 있다. 이슬람 과격분자의 테러는 전 세계를 공포로 몰아넣고 있으며, 비전투 시민을 향한 테러 소식은 점점 일상이 되고 있다.

이런 난세적 특성은 전쟁터에만 국한되는가? 난세는 특정한 시기에만 등장하는가? 그렇지 않은 것 같다. 난세란 표현은 우리가 이미 논하였던 깨어진 세상의 또 다른 표현일 뿐이다. 나 역시 짧은 인생 속에서 난세적 특성을 보아 왔다. 철들고 처음 맞닥뜨렸던 유신 정권과 광주민주화운동 때부터 이 글을 쓰고 있는 지금까지, 얼마나 많은 희생과 다툼과 갈등이 있었는지 모른다. 정치·사회 영역에서 터지는 수많은 사건 사고들을 보고 들으면서, 시민들은 이제 분노를 느끼기에도 피곤하고 그저 냉소와 허탈로만 반응한다.

후안무치한 정쟁으로 얼룩진 정치계도 전쟁터지만 경제계도 다름없다. 사업 수주를 둘러싸고 벌어지는 수많은 업체 간의 복마전은 어떠한가? 대기업 밑에서 생존하기 위해 이를 악물고 견디는 중소기업과 그 직원들, 정규직은커녕 계약직도 제대로 얻지 못해 미래를 저당 잡힌 청년 세대는 또 어떤가? 국내뿐 아니라 전 세계적인 부의 양극화 현상을 우리 인류는 극복해 낼 수 있을까?

현재의 정치·경제계가 그렇다면, 미래를 꿈꾸게 하는 교육계는 다를까? 점수 1-2점을 얻지 못해 아파트에서 투신하는 아이들은 그들을 내모는 극한 경쟁 사회의 민낯이다. 아이들이 경쟁 사회에서 낙오할까 두려워하는 부모와 이를 이용하는 사교육 시장의 번창, 이들 사이에서 누더기가 되도록 개정 중인 대학 입시 제도까지, 출구가 잘 보이지 않는다. 1-2점이 대체 무엇이기에, 그것 때문에 생명을 버릴 수밖에 없는가? 그렇게 크는 아이에게 절대로 지면 안 된다고 가르치는 엄마들…. 총칼이 없을 뿐 우리 사는 세상이 전쟁터가 아니고 난세가 아니면 무엇일까?

성경의 하나님은 이런 불안하고 위험한 세상 속에서 하나님을 믿으면 특별대우 해 주겠다고 약속하시는 분이 아니다. 하나님을 믿으면 복 받고 자녀가 잘되고 더 나아가 죽은 후에 천국까지 보장된다며 구슬리는 분이 아니다. 기독교의 주목적은 일요일에 교회 가서 예배드리면서 세파에 찌든 마음을 닦고 위로를 받는 것이 아니다. 몇몇 교리와 주기도문과 사도신경을 외운다고 그리스도인이 되는 것도 아니다. 성경의 하나님은 우리가 사는 세상과 그 속의 나를 정직하게 바라보라고, 그 난세 속에서 일하시는 하나님 편에 서라고 가르친다. 하나님을 무시하는 세상 속에서 세상과는 다른 종류의 삶을 선택하라고 우리에게 도전하신다. 난세 속에서 난세의 한 부분이 되어 살 것인가, 아니면 난세를 심판하고 회복하시는 하나님 편에 서서 살 것인가? 당신에게 이같이 지금 도전하시는 분이 하나님이시다.

세상 앞에 진실하게 서다

성경의 하나님을 참으로 알기 원한다면, 진정한 그리스도인이 되기 원한다면, 우리가 사는 세상을 정직하게 직면하는 데서 시작해야 한다. 세상 앞에 서서 세상을 정직하게 바라보아야 한다. 우리가 사는 세상을 어떻게 바라보는지가 결국 우리 인생을 결정짓는다고 해도 과언이 아니다. 당신은 당신이 사는 세상을 어떤 곳이라고 생각하는가? 인간 안에는 선한 면이 많아서 우리가 조금만 더 노력하여 더 나은 제도를 만들고 조금씩만 더 양보하면, 좋은 세상이 될 것이라고 믿는가? 아니면, 인간은 자기중심성이 너무나 강해서 세상은 약육강식일 수밖에 없고, 결국은 힘이 있어야 살아남는다고 생각하는가?

인간 속에는 분명 선함이 있다. 이타적이고 고귀한 부분이 있다. 그러나 선한 사람 대부분이 자기 이익과 상반된 일이 생길 때는 그 이익을 지키기 위해, 자기를 지키기 위해 이기적으로 돌변한다. 자기 이익을 좀 더 얻기 위해서는 양심을 저버리고 때로는 잔인해지기까지 한다. 자기중심성을 극복하지 못하는 것이 우리가 사는 세상의 특징이다. 멀리 갈 필요도 없다. 두세 명이나 서너 명이 함께 살아가는 가정에서도 자기중심성을 극복하지 못한다. 가장 사랑해야 할 곳에서 인간의 이기심과 악함이 드러나고, 그로 인한 고통은 상존한다. 인간의 자기중심성으로 인해 고통받는 사람은 가정에서부터 더 큰 사회에 이르기까지 폭넓게 나타난다.

우리가 사는 세상에서는 자신을 보호할 힘이 없거나 약한 사람은 희생양이 될 가능성이 크다. 그래서 다양한 법과 제도를 만들어 그들을 보호하려 한다. 그러나 약자들의 눈물과 한숨은 여전하다. 대학을 졸업하고 한 선교단체의 간사가 되었을 때, 신촌에 있는 H대학을 방문해서 복음을 전했다. 그때 한 대학생과 나눈 대화가 지금도 잊히지 않는다. 세상과 하나님에 관해 한참 이야기를 하는 중에, 그 친구가 이렇게 말했다. "아니 간사님은 왜 이렇게 세상을 어둡게 보세요? 너무 부정적이세요. 세상이 얼마나 아름답고 살기 좋은 곳인데요." 그날 그 친구와 날카롭게 논쟁했다. 나는 그에게 우리 나이 또래 여공들이 어떻게 사는지 물었다. 당시 우리 사회 곳곳에서 벌어지고 있던 고통스러운 현장에 관해 이야기했다. 나는 그날, 세상은 아름답고 살기 좋은 곳이라고 말하는 그 친구에게 예수를 소개하지 못했다. 아니, 포기했다. 그때는 나도 젊고 어려서 속에서 솟아오르는, "너는 하나님에 관해 알 자격도 없다"라는 마음을 주체하기 힘들었다. 비록 큰 어려움을 모르고 자란 나였지만, 그런 내게도 세상은 슬픈 곳이었다. 고통이 만연한 세상이었다. 세상 앞에 진실하게 서는 것, 그것이 첫 출발점이다.

자신 앞에 진실하게 서다

세상을 직면하면서 그와 동시에, 자기 자신 앞에 용기 있게 서야 한다. 세상을 비판하기는 쉽다. 문제를 알아채는 것은 사실, 약간의 지식과 비판력이 있다면 그리 어려운 일은 아니다. 그러나 정말 어려운 일은 나도 이런 세상의 일부라는 사실을 직면하는 것이다. 나를 제외한 다른 사람이나 세상이 문제라는 생각은 유아적 사고인데, 성인이 된 이후에도 많은 사람이 "세상은 원래 그래", "난 그나마 좀 나은 편이야", "나는 좋은 일도 많이 한다"라며 자기 모습을 직면하기를 거절한다. 다른 사람들처럼 상황이 좋을 때, 마음이 편할 때, 여유 있을 때는 착한 사람이지만, 상황이 힘들 때, 내 이익이나 명예가 관련될 때, 내가 손해 볼 것 같을 때 불쑥 튀어나오는 자기중심성을 직면할 수 있어야 한다.

교회에 나가고 종교 생활을 하는 많은 그리스도인은, 일요일에 교회 가고 헌금하는 것으로 자신의 의무를 다했다고 생각한다. 주중에 일상으로 돌아가서는 하나님을 모르는 사람들과 똑같이 산다. 세상이 번연히 잘못된 줄 알면서도, 세상은 원래 그렇다고, 로마에 가서는 로마법을 따라야 한다는 비겁한 이원론을 따르며 산다. 그래서 진실하게 용기 내어 "아니오"라고 말 못 하고, 결국은 문제의 한 부분이 된다. 적극적으로 참여하기도 하고, 소극적 침묵으로 동조하기도 한다. 많은 경우는 세상의 거대한 악한 구조 속에 분절된 형태로 편입되어 있어서, 자신의 삶이 세상을 파괴하는 일에 일조하고 있다는 사실조차 자각하지 못하는 경우가 대부분이다. 내가 소비하는 에너지와 의식주가

진정한 회심

생태계 전체를 위협하고 위험 수위를 이미 넘어선 줄 알지만, 나의 편의와 조금 더 많은 쾌락을 위해 그 엄중한 사실에 눈을 감는다. 내가 누려야 할 권리에는 민감하지만, 내가 져야 할 책임으로부터는 슬며시 눈을 돌린다.

하나님과의 관계가 단절되었기 때문에 삶의 목적도, 삶의 방식도 자기중심적이라는 것, 그래서 아는 만큼 살지 못할 뿐 아니라 자기 합리화에도 능하다는 사실을 정직하게 바라보아야 한다. 자신을 있는 모습 그대로 직면하는 것은 중요하다. 악하고 깨어진 세상 속에서 자신의 힘만으로는 대항하며 살아갈 수 없고, 하나님을 알지도 못하고 두려워하지도 않으니 결국은 세상의 한 부분이 될 수밖에 없다는 사실을 깨닫는 것이 무엇보다 중요하다. 세상 다른 사람들에게 문제가 있고, 악인은 심판받아야 한다고 소리를 높이고 손가락질하다가, 나 역시 그리 다르지 않다는 사실을 직면할 때, 더 나아가 하나님이 깨지고 상한 세상을 심판하실 때, 나 역시 그 심판의 대상에서 벗어날 수 없음을 진실하게 인정할 때, 그때야 당신은 하나님 앞에 설 수 있다.

하나님의 은혜 앞에 감사함으로 서다

하나님을 믿는다는 것은 여러 종교 중에서 한 종교를 택하는 종교 구매행위가 아니다. 마음의 평안을 얻기 위한 수양의 한 방식도 아니다. 하나님 없이 살던 삶을 인정하고 하나님께로 돌아서는 것이 회개이다. 그러므로 회개는 감정적 후회가 아니라, 삶의 방향 전환이다. 하나님 없이 자기중심적으로 살던 삶에서 하나님을 향해 돌아서는 것이다. 이렇게 회개를 시도할 때, 하나님을 향해 돌아섰을 때 처음 맞닥뜨리는 것은, 하나님의 사랑이 아니라 하나님의 심판이다. 깨어진 세상 속에서, 악한 세상으로 쏟아지는 하나님의 의로운 분노와 그에 따른 정의의 심판을 직면하는 것이다. 게다가, 내가 그 세상의 한 부분이라는 사실을 발견하는 것이다. 교회가 세워진 다음에 베드로 사도가 행한 첫 설교의 결론 부분을 보자.

> 베드로가 대답하였다. "회개하십시오. 그리고 여러분 각 사람은 예수 그리스도의 이름으로 세례를 받고, 죄 용서를 받으십시오. 그리하면 성령을 선물로 받을 것입니다"(사도행전 2:38).

베드로 사도가 소리 높여 외치는 메시지는 회개하고 죄를 용서받으라는 것이었다. 그는 예수 그리스도의 이름으로 세례를 받으라고 말한다. 세례를 받는다는 것은 자신의 신앙을 공적으로 선언하는 행위이다. "이름으로"라는 표현은 그 이름이 가리키는 존재의 인격과 권위에 기초한다는 뜻이다. 따라서 "예수 그리스도, 곧 메시아이신 예수의 이름으로"에 담긴 의미는 메시아가 이 땅에 오셔서 하신 일과 그 권위에 힘입어서라는 뜻이다. 메시아가 이 땅에 오셔서 하신 가장 큰 일은 무엇인가? 그것은 심판하러 오신 메시아께서 스스로 심판을 받으신 것, 즉 배반한 인간을 대신해 죽으셔서 우리를 하나님의 준엄한 심판에서 벗어나게 하신 것이다. 그리고 죽음에서 부활하셔서 하나님의 아들임을 증명하시고, 하나님나라를 시작하신 것이다. 메시아의 오심, 죽음, 그리고 부활의 의미를 믿고 의지해서, 이를 공적으로 고백할 때, 죄 용서가 완성된다는 것이 베드로 사도의 설교 결론이었다.

하나님께로 돌아선 사람, 곧 회개한 사람은 정의로운 하나님께서 하나님을 배신한 인간을 향해 베푸신 사랑을 십자가에서 은혜로 발견한 사람이다. 아무 자격이 없는 사람, 심판받을 세상의 한 부분인 사람, 평상시에는 괜찮은 사람이지만 결정적인 위기 상황에서는 자기중심성이라는 발톱을 드러내는 사람, 결국은 자기 자신이 '유사 신'이 되어 살아가기 원하는 사람, 이런 우리가 어떻게 하나님이 주인이신 나라에 들어갈 수 있겠는가? 이런 우리를 위해 메시아께서 대신 죽으셔서 우리 죄를 용서받게 하셨으며, 자기중심성의 노예로 살아가던 우리를 위해 몸값을 지불하셨다. 예수 메시아께서 하나님나라에 들어갈 수 있는 길을 여신 것이다.

이것이 은혜의 본령이다. 값없이 받은 선물이다. 세상 앞에 정직하게 서는 사람, 그래서 자신의 실체를 진실하게 직면하는 사람은 하나님의 심판 앞에 서게 되고, 거기서 하나님의 은혜를 만날 수 있다. 이런 은혜를 주시는 메시아 예수의 가르침과 그의 삶과 죽음과 부활이 복음이다. 예수가 곧 복음인 것이다.

진실한 직면, 그리고 결단

세상을, 자신을, 그리고 하나님을 진실하게 직면하고 나면, 그때 결단할 수 있다. 하나님의 편에 설 것인가, 아니면 하나님 없는 세상 편에 그대로 남을 것인가는 철저하게 당신

진정한 회심

의 진실한 결단에 달려 있다. 사실 이것이 하나님의 형상으로 지음을 받은 인간의 특질이다. 우리 인생의 대부분은 우리의 인격적 결정과 결단으로 만들어진다. 이 책을 읽을지 말지도 당신이 결정했다. 그리고 지금 당장이라도 더 읽지 않겠다고 결단할 수 있다. 우리 인생은 이런 결단들로 이뤄진다. 공부할까 말까, 운동할까 말까, 오늘 저녁에 라면을 먹고 잘까 말까…. 매일매일 하는 작은 결정부터 어느 직장을 선택할까, 어떤 여자(남자)랑 사귈까, 어디까지 관계를 발전시킬까, 언제 결혼할까, 아이를 낳을까 말까, 하나 낳을까 둘 낳을까, 셋 낳을까, 낳지 말까, 낳는다면 어떻게 키울까…. 이 모든 것을 우리가 결정한다.

물론 결정하기가 어려워 다른 사람이 하는 대로 따라 한다 해도 그 책임은 내게 있다. 그래서 이런 결정을 할 때 우리는 일정량의 지식을 바탕으로 숙고한 다음에 결정을 내린다. 이러한 결정을 마음대로 할 수 없을 때 우리는 자유를 잃는다. 우리는 모두 스스로 자유롭게 결정을 내리며 살기 원하고, 그것이 하나님의 형상으로 지음을 받은, 인격적 인간의 특질이다. 동물은 그렇게 하지 않는다. 본능에 따라 산다. 그러나 인간은 늘 결단을 내린다.

어떻게 그리스도인이 될 수 있냐고 물으면, "기도하세

요", "성경을 읽으세요", "교회에 가 보세요"라는 답을 하는데, 적절한 답은 아니다. 그리스도인이 된다는 것은 인생의 가장 중요한 축을 어디에 둘지를 결단하는 것이다. 하나님을 중심으로 하고 싶으면 자격 없는 자를 위해 베푸신 은혜를 하나님의 고귀한 선물로 받아들이기로 결단하는 것이다. 이러한 결단은 분명 어렵지만, 직면이 깊어지면 피할 수 없다. 이렇게 직면하는 자들은 다음과 같이 고백할 것이다.

"아! 내가 사는 세상이 난세구나. 깨져 있구나. 모두가 자기중심으로 돌아가니 악할 수밖에 없구나. 악한 세상에 손가락질했던 나도 부끄럽다. 나도 그중 하나이다. 나 역시 세상에 함몰될수록, 상황이 악화될수록 더 악한 사람이 될 가능성이 크구나. 실제로 이미 크고 작은 악한 짓도 많이 했다. 이제 돌아서고 싶다. 깨어진 세상의 한 부분이 되고 싶지 않다. 그런데 돌아서면 거기에는 정의의 하나님이 세상과 함께 나를 심판하시는구나. 소망이 없다. 이것이 바로 절망이구나! 그런데 심판하러 오신 메시아이신 예수께서 그 심판을 대신 지셨다고? 그리고 나를 그 나라로 들어갈 수 있게 초대한다고? 나를 그렇게 사랑한다고?"

직면이 깊어지면, 사람은 자신의 인생을 원래의 주인인

진정한 회심

하나님 앞에 내려놓고, 하나님께서 주시고자 하는 선물을 받는다. 그러나 선물은 거절할 수 있다. "세상이 다 그런 거지. 이렇게 살다가 죽는 거지, 뭐 대단한 것이 있다고"라고 생각할 수 있다. 또는 "나는 자기중심성이 그리 문제라고 생각하지 않을뿐더러, 이 세상을 내 힘으로 선하게 살 수 있으니, 하나님 호의는 감사하지만, 나한테는 꼭 필요 없다"라며 거절할 수도 있다. "대다수 사람이 그런 것처럼, 나도 일요일에 한 번 교회 가서 수양도 하고 마음의 위로를 받으면 그걸로 충분하다"라며 거절할 수도 있다. "아직 잘 모르겠으니, 시간이 좀 더 필요하다"라면서 실제로는 깊은 고민이나 탐구도 하지 않고 결정만 뒤로 미루며 거절할 수도 있다.

우리 인생은 수많은 결단으로 이루어진다. 성경의 하나님을 선택한다는 것은 막연한 신을 마음에 받아들이겠다고 결정하는 것이 아니다. 인간의 깨어진 삶과 인류의 긴 역사에 실제로 개입하고, 세상을 회복할 계획을 세우시고, 값비싼 대가를 지불하면서 그 계획을 실행에 옮기신 하나님을 내 삶에 받아들일지 말지를 결정하는 것이다. 인생의 수많은 결정 중에 가장 중요한 결정이 둘 있다면, 결혼과 직업이 아닐까. 하지만 이보다 더 중요한 결정이 있다. 그

것은 천지를 지으시고 우주를 지으시고 세상을 이끌어 가시는 하나님에 대해 자신의 입장을 결정하는 것이다. '유사 신들'이 넘쳐나는 나라에 하나님나라는 도전한다. 그 나라에 당신은 어떤 입장을 취할 것인가?

진정한 결단과 하나님의 선물

진실하게 결단하고 하나님을 향해 돌아선 사람에게 하나님께서는 하나님의 영이신 성령을 선물로 주신다. 성령을 선물로 받는다는 것은 무엇인가? 성령을 언급하면 샤머니즘이나 도교적 경험에 익숙한 한국 사람들은 어떤 극적인 체험이나 신비한 경험을 쉽게 떠올린다. 그러나 하나님은 우리의 오감으로 체험할 수 있는 대상이 아니다. 물론 성령을 선물로 받을 때, 감정적 체험이나 신비한 경험을 하는 사람도 있다. 이러한 체험은 소중하나 절대적일 수 없다. 인간의 체험은 심리적, 사회적, 문화적, 그리고 영적인 영역까지 얽혀 있기 때문이다. 그래서 어떤 사람은 체험하고 어떤 사람은 체험하지 않으며, 체험하더라도 일률적이지 않아서 어떤 특정한 체험을 성령을 선물로 받은 표시라고 할 수 없다.

진정한 회심

그렇다면 하나님의 영을 우리에게 선물로 주신다는 것은 무슨 의미인가? 하나님은 우리가 하나님께로 돌아서고 복음을 받아들이면 우리에게 하나님의 영을 선물로 주시고, 그 하나님의 영은 나의 전 존재 안에 오셔서 나를 떠나지 않으시고 함께 사신다고 약속하셨다. 하나님의 영은 우리가 오감으로 느낄 수 있는 존재를 넘어서는 분이니 나의 체험 여부는 중요하지 않다. 내가 세상과 자신을 진실하게 직면하고 하나님께서 나 자신을 위해 하신 일을 진실로 받아들일 때, 하나님의 영은 우리와 영원히 함께하신다.

그렇다면 회개하고 세례를 받은 사람, 즉 하나님을 향해 돌아서서 예수 메시아의 사역과 인격에 의지해 살겠다고 결단한 사람이 성령을 하나님의 선물로 받았다는 것은 어떻게 알 수 있는가? 여기서 기독교의 매우 중요한 진리가 다시금 확인된다. 이미 이야기한 대로 하나님에 관해 깨달은 만큼 진실하게 반응하는 것이 믿음이다. 다시 말하지만, 하나님의 약속을 전인격으로 받아들이는 것이 믿음이다. 하나님께서는 회개하고 예수를 메시아로 받아들이기로 진심으로 결단한 사람에게는 성령을 주시겠다고 약속하셨다. 이 약속을 어떤 체험이 있든 없든 받아들이는 것이 믿음이다. 우리에게 필요한 것은 위에서 언급한 세 가지를 직면해서 진실하게 반응하고, 소망 없는 우리를 위해 하나님께서 인간의 역사 속에서 행하신 일을 진심으로 받아들이고, 하나님을 따라 살겠다고 결단하는 것이다. 이때부터 하나님의 영이 우리 가운데 오셔서 함께 사신다.

물론, 이러한 결단은 단지 지적인 동의를 말하는 것은 아니다. 성경을 읽고, 설교를 듣고, 지금 읽는 이 책에 동의가 되어 고개를 끄떡이는 것은 믿음이라기보다는 지적인 동의에 가깝다. 믿음은 지적 동의 위에 자신의 전 존재를 올려놓는 일생의 결단이다. 이러한 결단의 진정성을 보시는 하나님께서는, 세상과 자신과 하나님 앞에 진실하게 선 자에게 성령님을 선물로 주신다. 이를 위해서는 하나님 앞에 나아가 기도하고 예배하며, 하나님을 찾는 시간을 가져야 한다. 그 시간에 잠잠히 하나님 앞에 서서, 지금까지 깨어진 세상의 한 부분으로 살았음을 하나님께 진정으로 고백한다. 그리고 심판을 피할 수 없는 자신을 위해 대신 심판을 받으신 메시아이신 예수께 감사를 드리고, 그를 따르는 자가 되겠다고 결단하는 기도를 한다. 그러고 난 다음에, 공개적으로 자신의 신앙을 고백한다.

이러한 과정을 통해 하나님의 영이신 성령이 자신 속에 들어와 살기 시작하신다는 사실을 '믿는다.' 우리의 신앙은 체험이 아니라 하나님의 약속에 기초해야 한다. 우리의 믿음은 내가 믿고 싶은 것이 아니라, 하나님께서 우리를 위해 이미 하신 일과 앞으로 하시겠다는 일에 기초한다. 지적 이해에 이르렀다면, 하나님 앞에 나아가 자신의 마음을 진실하게 토해 놓는 시간이 필요하다. 이를 위해 당장 무릎을 꿇을 수도 있다. 오늘 밤 잠자리에 들기 전에 하나님 앞에서 고백할 수도 있다. 가장 좋은 방법은 먼저 그리스도인이 된 주위 사람들과 함께 하나님을 예배하며 기도하는 중에 고백하는 시간을 갖는 것이다. 이러한 시간이 너무나 소중하기 때문에 일정한 기간을 정해 놓고 기도하며 결단을 준비하는 시간을 가지는 것도 필요하다.

그러므로 진정한 회심은 진리에 대해 믿음으로 반응할 때 일어난다. 세상과 나의 문제점을 직면하고 하나님의 은혜를 믿음으로 받아들이고, 진실하게 하나님을 따르겠다고 결단할 때, 선물로 오시는 성령님을 역시 믿음으로 인정할 때, 진실한 회심이 일어난다.

진정한 회심을 위한 네 가지 질문

다시 말하지만, 하나님을 믿는다는 것은 자신이 믿고 싶은 하나님을 믿는 것이 아니다. 성경을 통해 드러내 보여 주신 하나님을 믿는 것, 그 하나님에 진실한 반응을 하는 것이다. 그러므로 믿음보다 진리에 대한 이해, 곧 지식이 먼저 필요하다. 이는 단순한 지적 동의가 아니므로, 내가 믿을 때 나의 삶을 그 진리에 기꺼이 올려 놓을지를 질문해야 한다. 진실한 회심은 다음의 네 가지 질문에 진심으로 답변할 때 이루어진다.

그러므로 당신이 진정한 회심에 이르기를 원한다면, 다음의 네 가지 질문에 기도하는 마음으로 답해 보라. 다음의 질문들을 먼저 한 번 읽어 보고, 각각의 질문에 대해 깊이 생각해서 정리한 다음, 질문에 대한 답을 글로 옮겨 적어 보라. 마음속 생각은 글로 쓸 때 명료해질 뿐 아니라, 그 글은 진실한 고백의 증거로도 유용하다.

첫 질문은 당신이 사는 세상에 관한 것이다. 당신은 세상을 어떻게 바라보고 있으며, 세상에 관해 무엇을 믿고 있는가. 눈을 감고 잠시 침묵해 보라. 시끄러운 세상에서 한 걸음 떨어져서, 당신이 살아온 세상, 당신이 살아갈 세상, 우리 인간이 살아온 세상을 생각해 보라. 조금만 더 노력하면 좋아질 세상인가? 아니면 그야말로 깨져 있는가?

둘째 질문은 당신 자신에 관한 것이다. 세상 속에서 살

진정한 회심

고 있는 당신은 어떤 존재인가? 당신의 자기중심성이 심각한 문제인 것에 동의하는가? 하나님 없이 당신이 주인이 되어 살아가는 삶은 어떤 모습이며 어떤 결과를 초래했는가, 그리고 어떤 미래를 초래할까? 지금은 당신의 이런 성향이 숨어 있더라도, 어떤 식으로 나타날 수 있을지 조용히 묵상해 보라.

셋째 질문은 하나님께서 하신 일에 관한 것이다. 세상과 이 세상 속에서 살아가는 당신을 위해 하나님께서 무슨 일을 하셨는가? 하나님께서 인간을 어떻게 창조하셨고, 인간의 역사 속에 어떻게 들어오셨고, 어떻게 일하고 계시며, 예수 메시아를 보내셔서 어떤 일을 하셨는지를 생각해 보자. 이 책의 목차를 다시 보거나, 책을 빠르게 다시 훑어봐도 좋다. 당신이 듣고 이해한 하나님은 어떤 분인가? 그분은 당신에게 어떻게 다가오시는가?

마지막 네 번째 질문은 우리가 살고 있는 세상을 심판하고 회복하기 위해 이 세상에 오셔서, 우리의 심판을 대신 받으시고 우리를 하나님나라에 초대하시는 메시아이신 예수께 어떤 반응을 할 것인가이다. 예수 메시아를 의지하여 그 나라에 들어가 하나님 편에 설 것인가, 아니면 유보하거나 거절함으로써 하나님의 반대편에 남을 것인가? 하나님에 반응하는 것은 일생일대에 가장 중요한 결정이다. 깨어진 세상에 내리는 심판을 대신 당하셔서 하나님의 정의를 만족시키며 우리를 향해 지극한 사랑을 보여 주신 예수를 통해 하나님의 나라에 들어갈 것인가, 아니면, 하나님 없는 인생살이를 지속할 것인가? 이 결정은 세상 문제의 한 부분으로 남을 것인가, 세상을 회복하시는 하나님나라의 한 부분이 될 것인가에 관한 것이다. 더 나아가, 세상을 회복하고 계시는 하나님 편에 서서 하나님의 일을 함께하자는 초대에 기꺼이 응할지 말지에 대한 응답이다.

네 가지 질문을 깊이 생각하고 자신의 진실한 생각을 하나님께 표현하는 것은 당신의 몫이다. 당신이 알게 된 하나님에 관해 진실하게 반응하는 것이 바로 믿음이다. 당신이 진실하게 고백한다면 하나님께서 그 소리를 들으실 것이다. 네 가지 질문에 대한 당신의 생각은 매우 소중하므로, 책의 끝부분에 마련한 빈자리에 글로 남겨 놓기를 강력히 추천한다. 자신만의 기록이나 일기를 남기고 있다면 거기에 적어 놓는 것도 좋다. 그 고백을 가지고 하나님 앞에서 무릎 꿇고 말씀을 드리는 시간을 가지기를 바란다. 당신은 지금, 다시 한 번 강조하지만, 예수 메시아로 말미암아 인간의 역사 속에서 이미 시작된 하나님나라에 들어가 살 것인지, 아니면 깨어진 세상 속에서 그대로 계속 살아갈 것인지를 놓고 결단하는 것이다. 이는 우리 인생 전체를 거는 행위이다. 하나님은 당신의 진실한 결단을 소중히 여기시고, 약속하신 대로 자신의 영을 보내신다. 성령은 깨어진 세상 속에서 우리 자신이 살아 내야 할 삶의 몫을 살아 낼 수 있도록 우리를 지도하고 인도하신다.

위대한 순간, 하나님을 향해 돌아서다

이제 매우 중요한 지점에 우리는 다다랐다. 하나님이 진정으로 살아 계시고, 그 하나님이 우주를 만들어 놓고 자동으로 돌아가게 하고 멀리 떨어져 계신 분이 아니라, 인간의 역사 속에 개입하시고 우리를 찾아오셔서 도전하시는 분이라면, 우리는 이 하나님의 도전에 응답해야 한다. 하나님은 단지 고상하고 좀 더 윤리적인 삶을 살라고 요청하는 것이 아니라, 내가 의지하고 살아온 세계관을 바꾸라고 도전하시는 것이다. 자기중심적인 삶을 살면서 자신이든 세상의 어떤 요소가 되었든 유사 신을 중심에 놓고 살아가는 방식으로는, 우리 개인도, 우리 인류도 '링반데룽'을 벗어날 수 없다고 말씀하신다. 우리 힘으로는 극복할 수 없는 우리 개인과 인류의 실존적 문제에 하나님이 답을 제시하신다. 그것도 값비싼 대가를 지불하면서….

성경의 하나님은 우리가 일요일에 한 번 교회에 나가고 그저 착하게 살라고, 자기 아들을 보내서 십자가에서 죽게 한 것이 아니다. 하나님 없이 약육강식의 방식으로 살면서 깨어지고 망가진 세상을 심판하고 회복하기 위해 예수를 이 세상에 메시아로 보내셨다. 예수를 중심으로 하는 새로운 나라를 시작하셨고, 세상의 평범하고 부족한 자들을 그의 나라로 초대하신다. 그의 나라를 받아들인 이들에게는 그의 영이신 성령을 선물로 주시겠다고 약속하신다. 이 같은 하나님나라의 도전은 우리에게 하나님의 선물을 받을 기회가 될 수 있다.

진실하게 직면했다면, 진실한 결단을 위해 하나님 앞에 홀로 서라. 이 결단은 인생에서 가장 위대하고도 중요한 결단이 될 것이다. 우주의 중심을 바꾸는 결단, 내 인생의 중심을 바꾸는 결단이기 때문이다. 조용한 곳, 홀로 있을 수 있는 곳을 찾아라. 그리고 이 책에서 다룬 내용과 앞서 던졌던 네 가지 질문을 깊이 생각하라. 그리고 그 질문에 정직한 답변을 얻었다면, 당신을 지금까지 찾으셨던 하나님께 당신의 마음을 말씀 드려라. 그리고 당신의 결단을 말씀 드려라. 하나님에 관해 별로 알지 못하던 아브라함에게 찾아오셨듯, 하나님은 지금 당신을 찾아오고 계신다. 아브라함이 하나님을 믿고 따름으로 믿음의 조상이 되었듯, 당신 역시 하나님을 믿고 따르기 시작하면 그 믿음을 이어받는 하나님나라 백성이 될 것이다.

인생의 가장 장엄한 순간은 일개 인간이, 하나님을 등지고 살던 인간이, 천지의 주재이신 하나님을 향해 돌아서는 순간이다!

1. 세상에 관해, 당신 자신에 관해, 하나님께서 당신을 위해 하신 일에 관해서, 하나님에게 드리는 당신의 진실한 반응은 무엇일지 충분한 시간을 들여 생각해 보자.

2. 하나님께 진실한 마음을 담아 책 끝에 준비된 부분에 그 내용을 기록해 보자.

3. 하나님의 도전을 받아들여 예수를 따르겠다고 결단했다면, 우리 안에 오셔서 떠나지 않으시는 성령님을 깊이 생각해 보고, 하나님께 감사의 기도를 드리자.

진정한 회심

8

새로운
공동체

서른 갓 넘은 지도자가 자신의 공동체를 세우겠다고 선언하고 고작 삼 년을 가르친 후 십자가에서 사형을 당했다. 무려 이천 년이 넘게 지난 이야기다. 그의 공동체는 어떻게 되었을까? 경제적, 성적, 사회적, 인종적 차별이 없었던 그의 공동체는 당시는 물론이고 지금도 파격이다. 갖은 고난에도 불구하고 그의 공동체는 여전히 새롭고 아직도 건재하다.

대다수 사람은 종교 생활에서 개인적 체험을 매우 중요시한다. 마음에 평안을 얻거나, 삶의 의미나 진리를 깨닫거나, 어떤 특별하고 신비한 영적 체험을 하거나…. 한계가 분명한 인간이 부조리하고 허무한 세상을 살아가면서 종교를 찾는 이유는 이러한 체험을 통해 자신의 존재에 대해, 인생에 대해, 세상살이에 대해 새로운 통찰을 얻기 위해서일 것이다. 그리고 이 세상을 살아갈 이유와 힘을 얻기 위해서이다. 개인적 체험은 종교가 인류 문명에 끼친 기여이기도 하고, 어떤 종교에서든 본질적으로 중요하다. 그러나 기독교는 개인적 체험보다 더 중요한 것이 있다고 가르친다. 성경에서 가르치는 예수의 사상에 따르면, 가장

새로운 공동체

중요한 것은 '어떤 체험'을 했는지가 아니라, '어떤 진리'를 받아들였는지이다. 체험은 받아들인 진리로 인해 따라오는 것일 뿐, 추구해야 할 목표가 아니라는 것이다.

지금까지 우리가 살펴본 대로, 성경은 세상과 나 자신과 하나님에 관해 듣고, 하나님 앞에서 메시아이신 예수를 의지하여 하나님 편에 서겠다는 결단을 할 때 새로운 삶이 시작된다고 이야기한다. 이러한 결단을 내릴 때, 성령께서 우리 가운데 오셔서 함께하기 시작한다. 하나님은 우리의 느낌이나 체험이 아니라, 당신의 영을 우리에게 선물로 주시겠다고 약속하셨다. 그렇다면 성령을 받은 이에게 일어나는 가장 중요한 변화는 무엇일까?

이 역시 우리 내면의 변화나 체험을 살펴보기 전에, 예수께서 이 땅에 오셔서 하신 일을 통해 역사 속에서 무슨 일이 일어났는지를 먼저 살펴보아야 한다. 예수가 메시아인 것을 믿고 성령을 선물로 받은 첫 그리스도인들에게 일어난 일은 이미 시작된 하나님나라가 어떻게 세상 속에 드러나는지 그 실체를 보여 준다. 역사상 첫 그리스도인뿐 아니라, 예수를 메시아로 제대로 받아들이고 성령을 선물로 받은 이들은 지난 이천 년 동안 늘 이 실체를 경험하고 드러냈다.

이미 시작된 하나님나라의 실체

|

예수의 부활 이전에도 제자들은 예수가 가르친 하나님나라에 매료되어 있었고, 그래서 하나님이 친히 다스리시는 나라가 예수 메시아를 통해 이 땅에 임하리라 기대했다. 그들은 주로 섬기고 따랐던 예수를 메시아로 확신했고, 그가 이스라엘을 식민 통치하는 로마제국을 몰아내고 하나님이 다스리는 국가, 곧 다윗의 왕조를 재건하리라 굳게 믿었다. 예수는 자신이 메시아라는 사실을 제자들이 알아채기를 기다리셨고, 제자 중 하나가 나머지 제자를 대표해 "주는 살아 계신 하나님의 아들이며, 그리스도, 곧 메시아입니다"라고 고백했을 때, 기뻐하며 다음처럼 말씀하셨다.

> 나도 너에게 말한다. 너는 베드로다. 나는 이 반석 위에다가 내 교회를 세우겠다. 죽음의 문들이 그것을 이기지 못할 것이다. 내가 너에게 하늘 나라의 열쇠를 주겠다. 네가 무엇이든지 땅에서 매면 하늘에서도 매일 것이요, 땅에서 풀면 하늘에서도 풀릴 것이다(마태복음 16:18).

새로운 공동체

예수는 이 반석 위에, 베드로가 대답한 믿음의 고백 위에 자신의 교회를 세우겠다고 말씀하셨다. 예수를 메시아라고 한 고백 위에 "자신의 교회"를 "자신이" 세우겠다고 말씀하셨다. 지금은 교회를 건물이나 조직으로 생각하지만, 예수 당시에 교회(에클레시아)라는 단어는 사람들 무리, 회합 또는 공동체를 뜻했다. 그러니까 예수는 자신이 메시아라는 사실과 이를 고백하는 사람들을 통해 자신의 공동체를 세우겠다고 말씀하신 것이다.

예수께서 죽으시고 부활하신 이후에 실제로 초대교회가 시작되었는데, 이 새로운 공동체가 바로 예수께서 세우겠다고 약속했던 교회이다. 교회는 예수의 죽으심과 부활로 시작된 하나님나라를 받아들이고, 하나님의 다스림 아래에서 살아가는 사람들의 공동체이다. 하나님을 부인하는 세상에서 살고 있지만, 그 세상에 속하지 않고 하나님나라에 속하여 살아가는 사람들은 연대하여 공동체를 형성할 수밖에 없다. 그들의 공동체가 교회이다. 이 교회가 인류의 역사 속에서 어떻게 시작되었는지 살펴보자.

하나님나라 공동체의 신기한 탄생

|

교회의 시작에는 이해하기 어려운 부분이 있다. 새로운 종교가 시작되었는데, 그 종교를 창시한 예수는 부활하고 승천한 후 세상에서 사라졌다. 이 땅에 남은 예수의 제자라는 사람들은 오합지졸에 불과했다. 이들이 얼마나 평범 이하였는지는 사복음서 곳곳에서 확인할 수 있다. 그런데 창시자도 없이 오합지졸이 모여 새로운 공동체인 교회를 시작했다. 이것이 어떻게 가능했는지는 종교사회학으로도 설명하기가 쉽지 않다. 새로운 종교가 태동하려면, 적어도 창시자가 오랜 기간 제자를 양성하고, 제자들은 창시자의 가르침을 이어 나갈 만큼 뛰어나야 하며, 또한 사회적으로도 새로운 사상과 종교가 발흥할 수 있는 여건이 갖추어져야 한다.

예를 들어 지금까지도 인류 역사에 영향을 끼치고 있는 세계 3대 종교인 불교, 이슬람교, 기독교를 살펴보자. 불교의 창시자인 석가모니는 B.C. 563년에 태어나서 29살에 출가를 한다. 그리고 35살에 깨달음을 얻는다. 크게 깨달음을 얻어 도를 이루었다고 해서 대오성도大悟成道했다고 한다. 80세에 입적할 때까지 자그마치 45년 동안, 거의 50년

새로운 공동체

간 제자들을 가르친다. 당시 매우 총명하고 엘리트였던 제자들이 그의 가르침을 받아 불교가 일어난다. 한 종교가 발흥할 만하다. 이슬람교의 창시자 마호메트는 석가모니보다 약 천 년 늦게 570년에 태어났다. 그는 아주 부유하게 살다가 40세에 알라의 계시를 받는다. 그 후 이슬람교를 창시해 약 20년간 이 운동을 이끈다. 그는 60세가 되는 해에 메카를 점령하고 이어서 아라비아반도에 범이슬람 국가를 형성한다. 마호메트는 매우 뛰어난 정치 지도자였다. 그는 실제로 정치 권력을 기반으로 아라비아반도를 통합한다. 그러고 나서 2년을 더 살다가 632년에 타계한다.

불교나 이슬람교는 한 종교를 형성할 만한 근거가 충분해 보인다. 창시자가 45년간 가르치거나 20년간 아예 나라를 만들어 통치했다. 그렇게 한 종교가 시작되었다. 그런데 기독교는 어떠한가? 예수는 B.C. 4년에 태어나 A.D. 30년에 죽었다. 약 서른 살까지는 무명의 목수로 살다가 3년 남짓 제자들을 가르쳤다. 그리고 그는 자신이 예고한 대로 십자가에서 죽었다. 그의 제자는 어부나 당시 천대받던 세관원같이 보잘것없는 보통 사람이었다. 예수의 가르침을 알아듣지 못하기 일쑤였고, 자기들끼리 세력 다툼하고, 더더욱 부끄러운 것은 스승이 고난을 겪을 때 모두 도망쳤다. 그중 하나는 예수를 팔아넘기기까지 했다. 그런데 예수가 죽고 난 후에 평범 이하의 사람들이 모이더니 공동체가 세워졌다. 처음에는 유대교의 작은 분파나 이단 정도로 여겨졌다. 당시 한 유대인 지도자가 말한 대로 사람이 세웠으면 곧 없어질 운동처럼 보였다. 창시자도 사라진 채, 고작 3년간 가르침을 받았던 평범 이하의 사람들에 의해 기독교가 시작되었다. 그뿐만 아니라, 기독교는 초기에 유대교에 의해 이단이라는 꼬리표를 달고 모진 고초를 겪었고, 그 이후에는 로마제국에 의해 온갖 탄압과 박해를 받았다. 한 종교가 형성될 기반은커녕 사회·문화적 여건도 열악하기 그지없었다.

그런데 어떻게 이들의 공동체가 날로 든든하게 세워질 수 있었을까? 서른 갓 넘은 지도자가 자신의 공동체를 세우겠다고 선언하고 고작 3년을 가르친 후 십자가에서 사형을 당했는데, 그의 예언이 어떻게 실제로 이루어진 것일까? 그 이유를 종교사회적인 외부 요인에서는 찾기 어렵지만, 초기에 이 공동체가 주장한 바에서 실마리를 찾을 수 있다. 이들은 자신들을 십자가에서 죽은 예수의 부활을 목격한 증인이라고 주장했다. 유대인들이 로마제국의 손을 빌려 예수를 죽였으나, 하나님께서 그를 다시 살리셨다

새로운 공동체

는 것이 이들의 핵심 주장이었다. 이들은 이 주장을 생명을 걸고 증언했다. 과거에는 서로 싸우고, 정작 생명을 바쳤어야 할 예수의 고난 현장에서는 다 도망쳤던 사람들이, 예수가 죽고 나자 예수가 부활했다고 생명을 걸고 증언한 것이다. 지금도 마찬가지지만, 당시 사람들도 인간이 죽었다가 부활하여 승천했다는 것은 과장된 신화나 조작된 이야기 정도로 여겼다. 그런데 그 이상한 증언을 받아들이는 사람이 점점 많아지더니, 300년이 지나지 않아 로마제국이 기독교를 공인하기에 이른다. 대체 그 이유가 무엇이었을까?

새로운 공동체에 일어난 회복

|

초기 기독교 공동체를 가능하게 했던 힘은 예수가 전한대로 하나님나라가 예수의 죽으심과 부활을 통해서 실제로 이 세상에 임했다고 믿은 데 있었다. 이들은 하나님나라가 시작되었다고 진정으로 믿었기 때문에, 하나님의 다스림을 받아 그들에게 선물로 주어진 성령을 따라서, 인간을 향한 하나님의 뜻을 이루며 살아가려 했다. 이 공동체는 세상의 힘과 권력으로 다스리는 공동체가 아니라, 하나님

의 사랑과 공의를 중심으로 움직이는 공동체였다.

이런 공동체에서는 경제적, 성적, 사회적, 인종적 차별이 존재할 수 없었다. 그래서 잉여재산을 처분해 공동체 내의 가난한 성도를 돕는 일이 일어났다. 여자로 태어나지 않은 것에 감사했던 유대교 전통에서 벗어나, 여성을 하나님나라를 유업으로 물려받는 공동 상속자로 여기는 사상이 나타났다. 당시 노예제도는 사회를 지탱하는 경제구조의 근간이었는데, 노예를 형제로 대하는 일이 일어났다. 이방인을 개처럼 여기던 유대인들이 이방인과 형제가 되면서 인종의 담도 무너졌다. 이를 바울은 이렇게 선언한다.

> 너희는 유대인이나 헬라인이나 종이나 자유인이나
> 남자나 여자나 다 그리스도 예수 안에서 하나이니라
> (갈라디아서 3:28, 개역개정).

그리스도, 곧 메시아이신 예수 안에서 하나라는 선언은 차별이 없다는 뜻이다. '메시아 예수 안에서'라는 뜻은 한 사람 한 사람이 메시아 예수를 받아들여 그에게 속하면, 그의 나라에 들어간 것이고, 하나님나라에서는 어떠한 차별도 없다는 놀라운 선언이다. 이러한 선언이 이천 년 전

새로운 공동체

에 나왔을 뿐만 아니라, 단지 주장에만 그치지 않고, 하나님나라가 임했다고 받아들였던 제자들 가운데서 자연스럽고도 필연적으로 드러났다. 이런 현상은 사회문화적 개혁운동이나 프로그램 때문이 아니라, 처음 예수 메시아를 믿었던 사람들 속에서 나타난 자연스러운 삶의 방식이었다.

그들은 이미 시작된 하나님나라를 받아들였기 때문에 완성될 하나님나라를 바라보며 하나님나라의 원리대로 살겠다고 결단했다. 그래서 사랑과 공의에 입각한 새로운 방식으로 살기 시작한 것이다. 이러한 공동체가 역사 속에 실제로 나타났다. 그것이 교회였다. 이러한 교회를 보고, 수많은 사람이 인간의 이성으로는 이해할 수 없는 이들의 주장, "십자가에서 죽은 예수가 부활했고, 그가 온 세상의 주인이다"라는 증언을 사실로 받아들이기 시작했다. 그로부터 이천 년간 놀라운 회복과 변화가 예수를 메시아로 믿고 따르는 사람들에 의해 일어나고 있다.

물론 기독교는 장사하기 좋은 종교이다. 불교처럼 내용이 심오하고 해탈에 이르기가, 기독교적으로 말하면 구원에 이르기가 요원하지도 않다. 이슬람교처럼 정치 권력과 통합된 중앙의 정치적 통제도 없다. 기독교의 단순한 진리는 심오하나, 그 단순함을 피상적으로 이용해 이득을 얻으려는 자들이 생기기도 쉽다. 어떤 죄도 용서하시는 하나님을 부각하고, 어떻게 살든지 죽으면 영생을 보장하는 종교로 전락하는 경우가 역사 속에서 자주 있었다.

물론 마음의 위안을 구하는 사람들을 이용하여 사익을 취하는 자들은 어느 종교에나 있지만, 기독교는 그 독특성 때문에 초기 때부터 지금까지 기독교를 팔아서 이익을 남기는 사람들이 계속 있었다. 그러나 참된 기독교는 하나님나라가 시작되었다는 사실을 진심으로 받아들이고, 하나님을 부인하는 세상 속에서 하나님의 주인 되심을 받아들여 그 나라를 살아 내려는 사람들의 이야기이다. 그들은 공동체로 연대할 수밖에 없었고, 세상의 원리와는 다른 하나님나라의 급진성과 공동체성을 자신의 삶을 통해 구현해 냈다. 그러므로 예수를 믿는다는 것은 하나님나라 백성으로 산다는 것이며, 또한 그것은 세상 속에서 하나님나라 백성의 공동체로 산다는 것이다.

우리가 사는 세상은 자기가 중심인 세상이다. 하나님이 없다고 치고 살아가는 세상이다. 그래서 강한 자들이 약한 자들을 돌보는 것이 인지상정이지만, 더욱 강해지기 위해 자기보다 약한 자를 돌보지 않는 것이 일반 사회의 모습이다. 특히 한국 사회는 압축 고속 성장을 하면서 어두운 면이 더욱 짙어졌으며, 승자 독식 사회이자 패자부활전도 없는 세상이 되었다. 한국은 문명화하고 부유한 나라 목록에 이름을 올렸으나, 크고 작은 비리들이 끊이지 않는다. 하지만 우리보다 더 잘 사는 나라도 속사정을 살펴보면 별다른 바가 없다. 성경은 선명하게 그 이유를 설명한다. 하나님이 없다고 여기기 때문이다. 하나님이 없다고 믿으면, 다른 사람은 물론, 자신조차 속일 수 있다. 들키지만 않으면 된다. 더 많이 배울수록 더 안 들킬 방법을 찾아낸다. 온갖 전문가들이 이러한 방법들을 찾아낸다.

하나님나라가 이미 임해서 하나님의 다스림을 받은 사람들은 인류의 역사 속에서 정의, 자유, 평등, 인권을 위해 살아왔고, 하나님을 믿지는 않아도 양심의 소리에 귀를 기울이는 사람들이 세상의 진보를 위해 애써 왔다. 그러나 여전히 세상은 하나님 없이 돌아간다. 정치, 문화, 법, 미디어, 심지어 종교까지, 그리고 기독교 일부까지도 하나님 없이, 하나님에 대한 두려움 없이 돌아간다. 하나님나라가 시작된 것을 참으로 믿는 사람은, 하나님을 제거해버린 채 움직이는 세상에서 살아남기 위해서라도 서로 연대하고 지원하는 공동체가 필요하다.

메시아이신 예수는 새로운 공동체를 시작하겠다고, 그

공동체를 자신이 세워 가겠다고 선언했다. 교회는 메시아를 따르는 자에게는 필수이다. 교회는 주일에 예배드리러 잠깐 왔다 가는 건물이 아니다. 교회는 예수 그리스도를 통해 하나님나라가 이 땅에 임했다고 받아들인 이들의 공동체이다. 건물을 소유하지 않는 교회도 여럿 있는데, 그 이유는 단지 건물을 소유할 재정이 없어서만은 아니다. 교회는 건물이 아니기 때문이다. 건물이야 있으면 좋지만, 건물을 소유하면 건물과 이를 운영하는 조직을 교회로 착각할 위험성이 커진다. 하나님을 진심으로 받아들여 하나님께 속한 사람들, 그들의 공동체가 바로 교회이기 때문이다.

세상 속에서 하나님나라 공동체로 살기

성령을 선물로 받고 예수를 따르는 자에게 가장 중요한 일은 무엇일까? 그것은 정체성이 같은 사람들의 공동체에 들어가 사랑하는 법과 정의롭게 사는 법을 배우는 것이다. 같은 정체성이란, 이미 시작되어 결국은 완성될 하나님나라에 속했으며 동일한 주를 섬기고 동일한 성령님의 다스림을 받는다는 놀라운 사실에 기초한다. 이 공동체의 가장 중요한 특성은 공동체의 주인이신 하나님의 특성과 동일

새로운 공동체

하다. 사랑하는 것이다. 예수가 자신을 따르는 제자들에게
단 하나의 계명을 주신 이유가 여기에 있다.

> 이제 나는 너희에게 새 계명을 준다. 서로 사랑하여
> 라. 내가 너희를 사랑한 것 같이, 너희도 서로 사랑하
> 여라(요한복음 13:34).

"서로 사랑하라"는 계명은 사랑의 하나님께서 인간에게
요구하시는 단 하나의 기대이다. 서로 사랑하는 것은 '자
기중심성'에 빠져 살아가던 사람이 그 중심에 하나님을 모
시고 나서 하나님을 예배하기 시작하면 반드시 일어나는
일이다. 자신에게만 꽂혀 있던 관심이 주변 사람들에게로
이동하고, 자기중심성을 극복하면서 이웃을 사랑하는 법
을 배워 나간다. 하나님에게 받은 사랑이 선명해지고 깊어
질수록, 이웃을 향한 사랑 역시 더욱 구체화되고 진실해진
다. 하나님나라에 속한 사람과 그들 공동체의 특징은 그와
공동체의 주인이신 하나님을 닮은 사랑이다.

그렇다면 서로 사랑한다는 것은 무엇인가? 무조건 모든
것을 다 받아 주고 용서하는 것인가? "내가 너희를 사랑한
것 같이"라는 말은 단지 사랑을 위한 희생만을 강조하는

것이 아니다. 예수는 우리 죄를 심판하러 오신 메시아였다. 그는 정의로운 심판을 사랑의 이름으로 간과하지 않으셨다. 오히려 정의로운 심판을 자신이 대신 받으셨고, 이를 통해 사랑을 드러내셨다. 그러므로 우리의 사랑은 진리와 정의에 기초해야 한다. 바울은 이를 너무도 정확히 이해해서, "사랑 가운데 진리를 말하고 살라"(엡 4:15)고 표현했다.

이러한 예수의 사랑을 배우기 위해 우리는 판단하기보다는 먼저 이해하고 공감하는 법을 배운다. 서로의 상황, 기쁨과 감사는 물론이요, 특히 아픔과 고통, 더 나아가서는 수치까지도 나눌 수 있는 안전한 공동체가 진정한 공동체이다. 함께 아파하며 공감할 때 격려할 수 있다. 사랑을 나누지 않은 상태에서 하는 격려는, 격려라는 가면을 쓴 우회적 요구이다. 아픔과 어려움을 공감하며 하나님나라 백성답게 살아가도록 서로 돕는 것이 참된 격려이다. 이런 격려는 말로만이 아니라, 시간과 가진 것을 함께 나눔으로써 더욱더 구체적으로 표현된다.

물론 공감과 격려만 필요한 것은 아니다. 우리는 세상 속에 살기 때문에, 우리도 알지 못하는 사이에 세상의 가치관과 삶의 방식에 물들어 혼돈과 유혹에 빠질 수 있다. 진실한 그리스도의 공동체는 서로를 지키기 위해 경계하

새로운 공동체

는 일을 멈출 수 없다. 하나님나라가 완전히 임할 때까지 우리는 비진리와 유사 진리와 끊임없이 싸워야 하기 때문이다. 이를 위해 그리스도인 공동체는 세상을 공부한다. 소극적으로는 자기 자신을 지키고 경계해야 할 부분을 알기 위해서이고, 적극적으로는 세상 속 삶터와 일터에서 하나님나라의 일을 도모하기 위해서이다. 이를 위해 그들은 서로를 지원한다. 각자의 사명을 발견하고 각자의 몫을 잘 감당하도록 개인적으로나 공동체적으로 돕는 것이다.

이것이 사랑하는 것이다. 공감하고 격려하고 경계하고, 그리고 지원하는 것이 사랑이다. 예수께서 사랑하신 것처럼 사랑하려면, 말랑말랑한 사랑이 아니라 세상을 이길 강인하고도 지혜로운 사랑으로 해야 한다. 이런 사랑은 하루아침에 실행에 옮길 수 없다. 배우고 익히며 시행착오를 거듭해야 예수께서 본을 보이신 사랑, 정의로우면서도 지혜로운 사랑에 이를 수 있다. 이런 사랑을 어찌 홀로 불안한 환경에서 배울 수 있겠는가? 교회는 바로 이러한 삶을 배우고 추구하고 살아가는 훈련소이다. 이러한 사랑이 교회 공동체 안에서 상식이 되며 문화가 될 때 우리는 비로소 세상을 위한 하나님의 대안 공동체로 발돋움할 수 있다.

하나님나라 백성으로 세상 살기

|

그렇다면 하나님나라를 받아들인 사람들은 대안 공동체를 만들어 그 속에 숨어서 자기들끼리 공감하고 격려하고 경계하며 지원하는 삶을 추구하면 될까? 그것이 전부일까? 앞서 세상을 공부한다는 말과 세상에서의 사명과 자기 몫을 감당하도록 지원한다는 말에서 암시했지만, 하나님나라 백성은 세상 속에서 산다. 세상 속에서 어떤 삶을 살아야 할지 예수는 선명하게 가르치셨다.

> 너희는 세상의 소금이다. 소금이 짠 맛을 잃으면, 무엇으로 그 짠 맛을 되찾게 하겠느냐? 짠 맛을 잃은 소금은 아무데도 쓸 데가 없으므로, 바깥에 내버려서 사람들이 짓밟을 뿐이다. 너희는 세상의 빛이다. 산 위에 세운 마을은 숨길 수 없다(마태복음 5:13-14).

하나님나라에 속한다는 것은 하나님의 다스림을 받기 시작한다는 것이고, 그래서 내가 변화하기 시작한다는 것이다. 내가 변화하고 성장하기 시작하면, 당연히 이러한 삶을 모르는 사람들을 돕고 싶은 마음이 들고, 실제로 그러

새로운 공동체

한 삶을 시도하게 된다. 작은 일이라도 내가 할 수 있는 일을 찾기 시작하는 것이 하나님나라 대안 공동체에 속한 사람들의 특징이다. 자격이 없는 자들이 자신이 누리는 복에 겨워하면서도, 과거 자신의 처지와 비슷한 사람들은 정작나 몰라라 하는 것은 거의 반인륜적이라고 할 수 있다. 그러니 이미 시작된 하나님나라에 들어갔다는 것을 이제부터 기도 열심히 하고 성경 열심히 읽고 예배 빠지지 않는 것이라고 하기에는 충분치 않다. 하나님나라의 새로운 일원이 되면, 자신이 속한 공동체에서 정의에 기초해 사랑하는 법을 배워 나갈 뿐 아니라, 사랑하는 면에서 성장해 나간다. 이와 함께 비록 온전하지는 않지만, 세상 속에서 세상 사람들을 사랑하는 방법을 찾아 나간다.

앞 장에서 이야기했던 쉰들러는 영화 마지막 장면에서 유대교 랍비와 대화를 나눈다. 랍비 이자크는 쉰들러가 살린 유대인을 대표해 반지를 선물한다. 그 반지에는 글귀가 하나 새겨져 있었고, 랍비가 이를 설명해 주고 대화가 이어진다.

> 이자크: 탈무드에 나오는 글귀입니다. "한 생명을 구하는 자는 세상을 구하는 것이다."

쉰들러: 더 살릴 수 있었어, 더 살릴 수 있었을지도 몰라. 좀 더 구할 수 있었을 거야. 좀 더 구할 수도….

이자크: 당신 덕분에 천백 명이 살았어요. 보세요.

쉰들러: 돈을 좀 더 벌었더라면…. 난, 난 너무 많은 돈을 낭비했네. 자넨 상상도 못 해. 내가 만약….

이자크: 사장님 덕에 많은 후손이 태어날 겁니다.

쉰들러: 충분하지 않았어.

이자크: 그 이상을 하셨어요.

쉰들러는 자신의 차와 넥타이핀을 만지면서 말한다.

쉰들러: 이 차, 괴트가 사 줬을 텐데…. 왜 팔지 않았을까? 열 명은 더 구했을 텐데…. 열 명, 열 명이나 말이야…! 이 핀은 두 명…! 이건 금이니까 두 명은 구했을 거야. 아니, 적어도, 한 명은 더 구했을 거야…. 한 사람…! 한 사람은 더 구했을 거라고…, 한 명은 더…, 한 사람을 말이야. 슈텐, 이거 하나로…! 더 구할 수 있었는데…! 내가 안 한 거야! 내가…!

하나님나라를 먼저 발견한 사람으로서, 내가 받은 것들을 나보다 어렵고 힘든 사람들, 특히 하나님나라를 아직 발견하지 못한 사람에게 전하며 사는 것은 그 나라 백성의 축복이며 특권이다. 하나님의 엄중한 심판을 유보하시고, 하나님나라에 들어갈 수 있는 길을 여신 메시아 예수에 대한 소식이야말로 복음 중의 복음이 아니겠는가! 이러한 복음을 알게 되는 것은 인생의 열쇠를 발견하는 것이다. 하나님과의 관계가 회복될 때, 인생의 의미와 삶을 통해 이루어야 할 사명을 발견하기 때문이다.

세상 문제가 너무 많고 커서 자신이 해결할 수 없으니 아무것도 못 하겠다는 자세는 하나님나라를 발견한 사람에게는 불가능하다. 이 영화에서 언급한 "한 생명을 구하는 자는 세상을 구하는 것이다"라는 탈무드의 글귀는 성경적 세계관을 반영한다. 그리스도인이 된다는 것은 예수께서 말씀하신 대로, 세상의 소금과 빛이 되는 것이다. 그 영향력이 얼마나 큰지는 그리 중요하지 않다. 하나님이 각 사람에게 주신 달란트가 다르니, 소금의 짠맛이 끼치는 정도와 빛의 밝기와 크기 역시 주신 분에게 달렸다. 자신에게 주어진 한 사람을 사랑하는 일에서부터 우리는 주님의 사랑을 배운다. 그러면서 우리의 영적 성숙은 깊어져 간다.

예수께서 말씀하신 대로, 자신을 사랑하는 사람을 사랑하는 것은 누구나 할 수 있다. 그런 사랑을 빛이라 부르기에는 부끄럽다. 진정한 사랑은 공동체에 속하는 것에서 시작된다. 공동체에 속하면 머지않아 그 안에서 사랑하기 버거운 사람을 만난다. 그 한 사람을 사랑하는 일로 시작하여, 점점 사랑의 능력이 깊어지는 것이 하나님나라 백성의 특징이다. 그렇기에 교회는 '사랑의 훈련장'이다. 이들은 교회 공동체 안에서 자기와 다른 사람, 자기를 힘들게 하는 사람, 첨예하게 갈등하는 사람을 사랑하는 방법을 배운다. 그리고 그렇게 준비된 사람들이 세상에 들어가, 사랑 없는 곳에 하나님의 사랑을 흘려보낸다. 결국, 하나님나라 백성이 되었다는 것은 이 세상을 회복하고 치유하시는 하나님의 사역에 동참한다는 것을 의미한다. 하나님의 심판이 유예된 동안, 마지막에 세상을 완전하게 회복하실 때까지 자신에게 주어진 것들로 자신에게 주어진 사람들을 섬기며 자신의 소임을 다하며 살아가는 것이다.

처음에는 한 사람을 사랑하는 일에서 시작하겠지만, 사랑의 하나님이 우리를 이끄시는 대로 각자에게 주어진 부르심을 따라서, 우리가 사는 세상의 한 부분에 빛을 비추고 부패를 막고 짠 맛을 내는 역할을 하게 된다. 자신의 행복과 성공을 위해 세상살이에 매진하던 사람이, 자신이 잘하는 것과 하고 싶은 일들 속에서 하나님의 부르심을 찾기 시작한다. 그럴 때 관심 있고 자신과 연관된 영역들, 법, 경제, 교육, 문화, 정치 영역 등에서 자신의 역할을 찾아간다. 하나님나라의 대안 공동체에 속한 사람은 그 공동체 속에서 자기들끼리 영생의 복을 누리며 살아가는 것에서 멈출 수가 없다. 그들은 세상으로 들어가 소금과 빛으로 산다. 이 모든 것이 가능한 이유는 우리를 사랑하시는 하나님의 사랑 때문이다. 이것이 하나님나라의 비밀이다.

그러므로 그리스도인이 된다는 것은 단지 죄 사함을 받고 구원을 받아 천국에 가는 것을 확신하는 데에 머물지 않는다. 그리스도인이라는 단어가 말해 주듯, 그리스도인은 그리스도에게 속한 사람, 그리스도주의자, 그리스도파, 그리스도 족속 등을 의미한다. 그리스도 대신에 메시아를 대입하면 그 의미가 더욱 선명해진다. 그리스도인은 메시아주의자, 메시아 족속이다. 메시아가 오셔서 하나님의 심판을 감당하시고 세상을 회복하기 시작하셔서 하나님의 나라가 시작되었음을 믿는 사람들이며, 세상을 회복하고 계신 메시아와 함께하는 이들이다. 메시아가 구원의 길을 여시고 구원받은 자들을 통해 시작하신, 세상을 회복하는 일을 계승하는 자들이다.

건강한 교회에 속하기와 시작하기
|

신앙생활 초기는 물론이고 성숙한 이후에도 혼자 기도하고 성경을 읽으면서 신앙생활하는 것은 사실상 불가능에 가깝다. 하나님나라가 임해서, 하나님나라를 받아들인 자들의 공동체를 메시아 예수께서 세우시고, 그 공동체를 자신의 것이라고 선언하고, 자신이 그 공동체를 세우는 주체라고 천명하셨기 때문이다. 누군가 농담처럼 말했지만, 세상에 혼자 할 수 없는 일이 두 가지 있는데, 그것이 결혼이고 신앙생활이다. 그리스도께 속한 자들은 그리스도의 공동체에 속한다.

물론 세상의 모든 교회가 그리스도의 공동체로서 성숙하고 온전하지는 않다. 때때로 여러 이유로 병들어 악취가 나기도 하고, 매너리즘에 빠져 천천히 죽어가기도 하고, 그런 어려움을 극복하고 다시 일어나기도 하고, 또 아주 건강하게 자신의 역할을 감당하기도 한다. 안타깝게도 기독교라는 이름은 가졌으나, 반기독교적 교회라 부를 수밖에 없는 조직도 더러 있다. 보통은 많은 사람이 모이고, 좋은 시설을 갖추고, 듣기 좋은 설교가 선포되고, 필요에 맞는 다양한 프로그램을 운영하면 좋은 교회라고 쉽게 생각한

새로운 공동체

다. 그러나 꼭 그렇지는 않다. 적은 사람이 모여도, 건물이 없어도, 청중의 귀에 꼭 맞는 설교가 없어도, 다양한 프로그램이 갖춰지지 않아도 건강한 공동체일 수 있다.

그렇다면 건강한 공동체의 특성은 무엇일까? 다시 강조하지만, 진리와 사랑이다. 즉 예수 메시아가 가르친 진리와 그가 보여 준 사랑이 공동체의 기초이며 삶의 모습이다. 지금까지 이야기한 대로 건강한 공동체일수록 하나님께서 자신들을 하나님나라 백성이 되게 하려고 무엇을 하셨는지를 선명하게 이해한다. 진리에 대한 선명한 이해는 서로 사랑하는 삶을 만들어 낸다. 세상의 어떤 교회 공동체도 완전하지 않지만, 바른 진리의 기초 위에서 성장하는 진정성이 중요하다. 당신이 이 책을 읽고 나서 예수의 하나님나라 도전을 받아들이기로 결단한다면, 당신에게 이제 가장 중요한 일은 당신이 속할 공동체를 찾는 것이다. 세상 속에서 하나님나라 백성으로 제대로 살아가도록 도움을 받는 필수적인 환경이 교회 공동체이기 때문이다. 태어난 지역에서 평생 살던 시대에는 교회를 선택할 필요도 이유도 없었지만, 현대와 같이 이동성이 극대화된 사회와 문화에서는 교회 공동체도 선택할 수밖에 없다. 기도하며 하나님의 인도를 받아야 한다. 자신이 잘 성장하여 메시아 족속다운 풍모가 나타나 소금과 빛의 사명을 다할 수 있도록 이끌어 줄 수 있는, 그리고 무엇보다 이미 그렇게 살아가고 있어서 보고 배울 수 있는 공동체를 찾는 것이 무엇보다 중요하다.

당장 그런 교회를 찾지 못할 수도 있다. 그렇다면 건강한 교회를 찾는 일을 지속하면서, 서두에 격려하였듯이, 이 책을 함께 읽은 이끄미와 함께 그리스도인의 가장 기본이 되는 삶을 배우는 것으로 시작해도 좋다. 공동체의 최소 단위는 두 사람이다. 그래서 예수께서도 "두세 사람이 내 이름으로 모인 곳에는 나도 그들 중에 있겠다"(마 18:20)라고 말씀하셨다. 이런 작은 단위의 공동체적 관계가 더 큰 공동체의 기본 단위를 이룰 때, 교회는 건강하다고 할 수 있다. 하나님나라의 도전을 받아들였다면, 지금 당장 당신의 이끄미와 공동체적 관계를 맺고, 메시아를 따라 성장해 가는 삶을 함께 배우라. 매주 정해진 시간에 만나서 서로의 영적 여정을 격려하고, 새롭게 배워 가는 삶의 방식을 훈련하고 점검하며 서로 후원하는 관계가 얼마나 소중한가! 이렇게 함께 걸어가며 우리 속에 계신 성령의 인도를 받아 가는 것이, 지난 이천 년 동안 예수를 따랐던 삶이었다.

새로운 공동체

이러한 그리스도인의 첫걸음을 위해서《풍성한 삶의 첫
걸음》을 함께 읽고, 하나님과의 인격적인 관계를 맺는 법
을 연습하는 것을 강력하게 추천한다. 하나님나라에 들어
간 사람들에게 가장 중요한 것은 하나님나라의 왕이신 하
나님을 알아가고, 안 만큼 믿음으로 반응하는 것이기 때문
이다. 이미 이 책을 읽은 분들은 믿음으로 반응하기 충분할
만큼의 세상과 나와 하나님에 관한 지식을 가졌지만, 하나
님을 알아 가면 알아 갈수록 세상과 내가, 그리고 하나님이
더욱 선명하게 보일 것이고, 이에 진실하게 믿음으로 반응
할 때 우리의 삶은 성숙해가며 더욱 선명해질 것이다.

만약, 이 책《하나님나라의 도전》에서 다룬 이야기를
조금 다른 각도에서 재확인하기를 원하는 사람은《풍성
한 삶으로의 초대》를 읽어 보고, 그 이후에《풍성한 삶의
첫걸음》을 함께 읽어도 좋다. 물론 이 책을 읽기 전에《풍
성한 삶으로의 초대》를 먼저 읽은 사람들도 있을 것이다.
책의 첫머리에서 밝혔듯이《풍성한 삶으로의 초대》와 이
책《하나님나라의 도전》은 기독교의 근본 진리를 조금 다
른 접근방식으로 풀어낸 '쌍둥이 책 companion book'이다. 그
렇게 하나님과의 인격적 관계를 맺는 법을 배우며 성장하
다가 본격적으로 하나님나라의 일꾼으로 살아가길 원한다

면,《풍성한 삶의 기초》에 도전해 보라. 먼저 이 훈련을 받은 이끄미와 일대일로, 하나님나라 복음에 뿌리내린 제자로 발돋움하기 위해서 함께 훈련하라.

이천 년 전 기독교 공동체는 건물도, 목사도, 신학교도, 신약성경도 없는 상태에서, 예수에 관한 구전과 사도들의 편지와 구약성경으로 하나님을 예배하며 진실한 공동체를 형성하며 자라 갔다. 당신이 어디에 있든, 어떤 상황이든, 지금 당장 건강한 공동체를 만나지 못한다 해도, 당신 속에 계신 성령을 따른다면 성령께서 당신을 그런 공동체로 이끄실 것이고, 아니면 그런 공동체를 세울 수 있도록 지도하실 것이며, 이미 공동체에 속해 있다면 당신의 공동체가 그런 공동체가 되도록 이끌어 주실 것이다. 하나님나라에 들어가기 위해서는 하나님 앞에 단독자로 서야 한다. 그러나 하나님나라에 들어가는 즉시 우리는 혼자가 아님을 발견한다. 단지 천국에 가는 신앙이 아니라, 하나님나라에 들어가게 하신 복음을 믿는 신앙이라면, 그 나라를 살아 내는 사람들과 함께 이 세상을 살아 나가기 시작할 것이다. 우리는 그렇게 시작하여 평생을 함께 살아가는 하나님나라 백성이다.

예수를 주로 고백하고 메시아로 받아들인 사람들에게

새로운 공동체

주어지는 성령이 오셔서 이루시는 일은 기독교 역사 초기부터 지금까지 언제나 동일했다. 하나님나라의 공동체, 새로운 공동체였다.

1. 하나님나라 공동체에 속해 있지 않다면, 그 이유는 무엇 때문이며, 이제 하나님나라 공동체에 속해야 할 필요성이 있다고 생각하는가? 그 필요성은 무엇인가?

2. 하나님나라 공동체에 속해 있다면, 당신의 공동체에 가장 필요한 부분은 무엇이고, 오늘 읽은 부분을 통해서 꿈꿀 수 있는 점은 무엇인가?

3. 공동체의 가장 기본적인 단위인 두세 사람의 관계를 당신은 어떻게 발전시켜 나갈 수 있겠는가?

이천 년 동안 지속된 길

|

하나님께서 기다리시던 그때가 도래하자, 예수께서는 하나님나라가 가까이 왔다고 도전하시며, 회개하고 복음을 믿으라고 초청하셨다. 그때로부터 이천 년이 지났다. 팔레스타인 지역의 식민지 국가 목수 출신 젊은이가 고작 3년을 가르치고는 십자가에서 처형되었고, 그를 따랐던 오합지졸 제자들이 예수가 부활했다는 '소문'을 퍼뜨리면서 기독교 공동체는 시작되었다. 그들의 허황한 증언은 쉽게 받아들이기 어려웠지만, 그들의 삶과 공동체의 진정성을 보고 많은 사람이 그들의 증언을 받아들이며 같은 행렬에 참여했다. 물론 그중에는 자신이 구원받는 것으로 족하다 여기거나, 죽으면 천국에 간다는 확신으로 세상에서 적당히 살며 위로받는 것이 전부인 사람들도 많았고 지금도 많다. 아예 예수를 가지고 자기 잇속을 차린 사람들도 있었다.

그러나 예수의 가르침을 제대로 받아들이고 예수를 알아 가며 하나님나라를 살아 낸 사람들과 그들의 공동체 역시 존재해 왔다. 그들은 인류 문화와 역사에 적지 않게 이바 지하며 오늘날까지 이르렀다.

어떤 사람은 하나님을 보여 달라고, 그러면 믿겠다고 말 한다. 하나님은 인간의 눈으로 볼 수 없는 분이다. 지구도 자기 눈으로 볼 수 없는 사람이, 지구가 고작 한 점에 불 과한 은하계와 은하계 역시 한 점에 불과한 광대한 우주 를 지으신 하나님을 보겠다는 생각이 얼마나 우스운가! 하 나님은 볼 수 없다. 그러나 인간이 만들어 낸 신이 아니라 면, 인간 세상 속에서 일하고 있는 신의 흔적이 보일 것이 다. 성경의 하나님은 인간의 역사 속에 들어오셔서 일하시 며 흔적을 남기신다. 불의하고 악한 세상을 심판하시는 것 이 마땅했으나, 하나님은 때가 되자 세상을 구원할 방법을 실행하셨다. 심판을 마지막 날로 유예하시고 하나님나라 를 시작하셨다. 하나님나라를 발견한 사람들은 지난 이천 년간 세상 편이 아니라 하나님 편에서 하나님과 동역하며, 자신과 자신이 속한 공동체와 사회 속에서 자신의 역할을 감당해 왔다. 이 책을 쓰고 있는 나도 그 역사의 흐름을 발 견하고, 지난 이천 년간 이어져 온 이 길을 따라서 걷고 있다고 자랑스럽게 고백할 수 있다.

성경의 하나님은 성경의 메시지를 듣는 모든 사람에게 하나님나라가 시작되었다고 도전하신다. 하나님의 공의로운 마지막 심판이 유보되었으니, 깨어진 세상의 한 부분으로 계속 살지, 아니면 세상을 회복하고 치유하고 계신 하나님나라에 속할지 결단하라고 도전하신다. 공의로운 하나님나라에 들어갈 자격은커녕 심판의 대상이었던 우리를 위해 예수 메시아가 대신 심판을 받았으니 그를 의지해 하나님나라에 들어오라고, 그리고 그 나라를 함께 살아 내라고 사랑 깊은 도전을 하신다. 이제 당신이 답할 차례이다.

당신은 이 도전에 어떻게 응답하겠는가?

이 책을 마무리하면서 특별히 감사의 마음을 전하고 싶은 사람들이 있다. 그분들은 이미 출간된《풍성한 삶으로의 초대》를 가지고, 누군가와 진실하게 기독교의 진리에 관해 대화를 나누신 분들이다. 그분들 중 적지 않은 분이 사랑하는 분들을 예수께로 이끌어 주셨고, 그 '이끄미' 덕분에 새로운 삶을 발견하신 많은 '따르미'가 있었다. 그래서 먼저《풍성한 삶으로의 초대》독자들에게 감사를 드린다.

또한, 이 책 원고를 직접 읽고 함께 토론하고 여러 제안을 해 준 하나님나라복음DNA네트워크 동역자, 김건주, 김기동, 김형운, 방길주, 나석민, 서지성, 양승훈, 장재우, 최호남 목사에게 감사를 드린다. 이 책이 출간되기 전에 이 책을 통해서 예수를 자신의 메시아로 받아들이고 세례를 받으신 몇 분에게도 감사의 마음을 전한다. 항상 책을 만들 때마다 수고하는 박동욱, 김도완 두 분에게는 늘 더 깊은 감사를 드리며, 이번 책에 알맞은 판화와 디자인을 해 주신 임현주 님에게도 감사의 마음을 전한다.

붙임 자료 1. 네 가지 질문에 대한 나의 생각 ∞∞∞∞∞∞∞∞∞∞∞∞

1. 나는 내가 사는 세상을 어떻게 보고 있는가? 자기중심성을 극복하지 못하는 것이 이 세상의 근본 문제라고 생각하는가?

2. 이 세상 속에 살아가는 나는 어떤 존재인가? 나의 자기중심성이 심각한 문제인 것을 동의하는가?

3. 이 세상 속에 살아가는 나를 위해서 하나님께서 무슨 일을 하셨는가? 내가 듣고 이해한 하나님은 어떤 분인가? 그분은 나에게 어떻게 다가오시는가?

4. 나는 하나님나라에 들어가 하나님 편에 설 것인가, 아니면, 유보하거나 거절함으로써 하나님의 반대편에 남을 것인가?

감사의 글

예수를 만나고 알아가고 따라가기를 돕는 자료

| 풍성한 삶으로의 초대 | 풍성한 삶의 첫걸음 |

→

| 하나님 나라의 도전 | 요한과 함께 예수 찾기 | | 만남은 멈추지 않는다 |

| | 만나지 않으면 변하지 않는다 | | 그 만남을 묻다 |

기독교의 기본 진리 소개 그리스도인의 초기 양육

하나님
나라의
도전

워크북
영상강의
음성강의

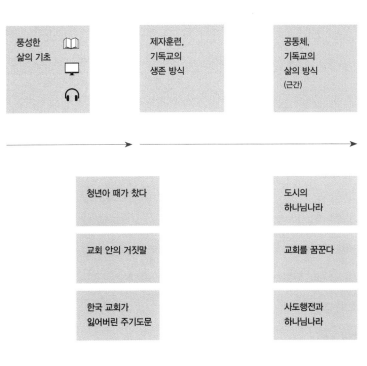

풍성한
삶의 기초

제자훈련,
기독교의
생존 방식

공동체,
기독교의
삶의 방식
(근간)

청년아 때가 찼다

도시의
하나님나라

교회 안의 거짓말

교회를 꿈꾼다

한국 교회가
잃어버린 주기도문

사도행전과
하나님나라

하나님나라 복음에 기초한 제자훈련

공동체 신학

하나님나라의 도전

김형국 지음

2019년 4월 11일 초판 1쇄 발행
2025년 1월 21일 초판 8쇄 발행

펴낸이 김도완
등록번호 제2021-000048호
    (2017년 2월 1일)
전화 02-929-1732
전자우편 viator@homoviator.co.kr

펴낸곳 비아토르
주소 서울시 종로구 삼일대로 428, 500-26호
    (우편번호 03140)
팩스 02-928-4229

편집 박동욱
제작 제이오
제본 다온바인텍

디자인 임현주
인쇄 (주)민언프린텍

ISBN 979-11-88255-31-3 03230   **저작권자** ⓒ 김형국, 2019

이 도서의 국립중앙도서관 출판예정도서목록(CIP)은 서지정보유통지원시스템 홈페이지(http://seoji.nl.go.kr)와 국가자료종합목록시스템(http://www.nl.go.kr/kolisnet)에서 이용하실 수 있습니다.(CIP제어번호 : CIP2019009355)